명성황후 최후의 날

명성황후 최후의 날

서양인 사바찐이 목격한
을미사변, 그 하루의 기억

말글빛냄

여흥 민씨의 가계도

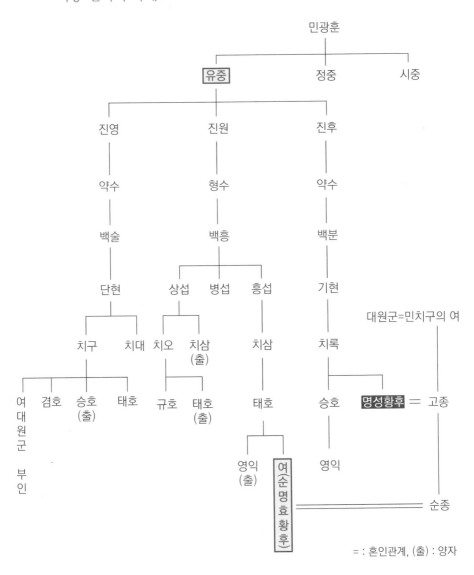

가계도 출처 : 여주문화원, 『명성황후』, 여주문화재사업소, 2011.

明成皇后真影

명성황후 표준 영정 – 권오창 화백 그림

서문

"경중을 가리고 고찰하기 위해서 독서하라. 어떤 책은 음미해야 하며 어떤 책은 삼켜야 하며 약간의 책은 씹어서 소화시켜야한다."

ㅡ베이컨, 1561-1626, 「학문에 관하여」

이 책은 을미사변 현장을 목격한 러시아인 건축사 사바찐의 하루를 통해 조선의 정치인, 조선 거주 서양인과 일본인과 청국인 등을 묘사하였다. 러시아인의 시선을 통해서 조선을 둘러싼 러시아, 일본, 청국의 정책도 투영되었다. 당시 인물들이 남긴 기록을 통해서 19세기 말 서울의 풍경과 경복궁의 모습을 섬세하게 복원하였다. 다른 역사대중서와 달리 각주를 달아 논픽션의 형태를 취했다. 독자의 가독성을 높이기 위해 역사적 자료에 기초한 문학적 표현을 활용했고 문학의 형태를 빌려서 역사를 서술했다.

사실 저자는 유학시절 모스크바 대외정책문서보관소가 소장하고 있던 명성황후 암살 관련 외교문서를 살펴보며 전율했다. 그 이유는 을미사변 관련 방대한 자료에 놀랐고, 유일한 서양인 목격자 사바찐의 상세한 보고서 때문이었다. 하지만 저자는 근대 한국과 러시아의 외교와 군사 정책에 관한 논문에 집중하기 위해서 을미사변 관련 집필을 미루었다.

2006년 역사학 박사학위를 받고 한국에 돌아와서 '사바찐의 하루'를 본격적으로 집필하기 시작했고 2014년 5월 〈명성황후 최후의 날〉이라는 제목으로 초판을 출판했다. 해가 가고 달이 가고 시간이 흘렀다. 지혜의 소중함을 깨달아가는 젊음의 아픔이 오롯이 담긴 긴 세월이었다.

2014년 11월
김영수

독립문 (국사편찬위원회 소장)

정관헌

손탁호텔

중명전

사바찐이 설계한 것으로 알려진 주요 건축물들

차례

1장 궁궐의 잔치

1895년 10월 7일 저녁, 성대한 잔치 준비로 경복궁은 분주했다. 민씨 가문의 핵심 인물 민영준이 정부 관료에 다시 복귀하는 것을 축하하는 잔치였다.

잔칫날 명성황후는 자신의 측근 민영준의 기용과 일본 군대에 교육받은 훈련대의 해산 등에 만족했다. 명성황후는 정치적 주도권이 내각에서 왕실로 집중되는 사실에 기쁨을 감출 수 없었다.

그날 밤 명성황후는 궁녀들과 함께 궁궐을 산책하며 달구경을 나갔다.[1]

바람이 나뭇잎 사이로 지나가고, 하얀 달은 저 멀리 빛나며 향원정의 연못을 거울이 되어 비췄다. 바람에 흐느끼는 검파란 버드나무의 그림자들. 포근함과 서늘함이 교차하는 고요가 넓게 퍼져 내려왔다. 그녀는 달빛이 쏟아내는 하늘에서 뭐라고 말할 수 없는 순간을 느꼈을 것이다.

달과 별이 뜬 하늘이 연못에 비쳤고, 향원정은 수은처럼 빛났다. 쥐죽은 듯한 정적이 주변에 내려앉았다. 아무것도 움직이지 않았다. 이따금 귀뚜라미가 울어 댔다. 어둠과 달빛 속에서 침묵의 시간을 보내니 권태가 굶주림처럼 밀려왔다.

무언가 드높고 영원을 쏟아내는 마법의 달빛을 보면, 촛불처럼 타오르는 인생을 꾸짖는 듯하였다. 끝없는 어둠과 환상적인 달빛을 보고 있노라면, 죽어서 시간과 만남을 초월한 추억으로 남아도 그만일까? 모든 움직임이 멈추는 정체된 시간들. 과거는 덧없이 흘러가 버렸고 미래는 알 수 없어라.

　대궐의 성대한 잔치가 새벽녘 모두 끝났다. 명성황후는 고종과 함께 '곤녕전의 전각문 북쪽의 작은 난간(欄干)'을 산책했다.[2] 어느덧 별은 가라앉고 그 형태는 밤의 어둠 속으로 파묻혀 버렸다. 별은 이제 하늘로 돌아갈 수 없게 되었다. 명성황후는 희미한 자기별을 하늘에서 밀어뜨리는 느낌을 받았다. 그 순간 고종과 명성황후는 일본 군대와 훈련대가 대궐을 포위했다는 소식을 접하고 건청궁 곤녕합으로 신속히 이동했다.

1895년 10월 7일
저녁 7시
2장 지는 해와 뜨는 달

검은 하늘과 파란 하늘이 교차하는 시간이었다.
(카네이션 릴리, 릴리, 로우즈, 존 싱어 사전트 作, 1886)

해질 무렵. 초가을의 서늘한 느낌, 뜨거움과 차가움이 교차하는 옅은 바람이 불었다. 강한 햇빛이 옅어지고 점점 어둠이 깔리기 시작하였다. 검은 하늘과 파란 하늘이 교차하는 시간이었다. 모든 존재가 생기기도 하고 없어지기도 하는 그 찰나의 순간이었다. 태양이 온 하늘을 붉게 물들이다, 이내 사라지고 사람들이 하나둘 등불을 밝히기 시작하였다.

1895년 10월 7일 저녁 7시, 강렬한 태양이 지평 위에 사라지고 있었다. 어제 이맘때보다 오른쪽 윗부분이 조금 기울어진 발그스레한 보름달이 좀 더 높이 떠오르기 시작했다. 지는 해와 뜨는 달이 교차하는 어스름한 저녁이었다. 서쪽 하늘에 별빛이 희미하게 반짝였다. 차가운 바람이 사바찐의 등 뒤를 스쳤다. 바람소리가 가을의 차가움을 느끼게 해주었다.

포장되지 않은 서울 거리에서 대궐로 들어가거나 나오는 전령의 말발굽 소리도 들리지 않았다. 눈에 띄는 것이라고는 옆으로 흔들거리며 소리 없이 지나가는 어떤 관리의 가마가 있을 뿐이었다. 몸이 불편하여 우는 어린아이 울음소리, 개들이 짖는 소리, 당나귀의 울음소리, 재난을 당한 집에서 울부짖는 무당의 푸닥거리 소리들만이 먼 곳에서 들려왔다.

집들과 건물을 둘러싼 하얀 벽들이 줄지어 있는 적막한 길가에는 고정된 등화도 없었고, 불이 켜진 창문들도 드물었다. 저 멀리 통행인이 들고 있는 초롱불이 선명하게 눈에 들어왔다.[1] 초롱불이

따스하고 포근해 보였다. 언제나 그러하듯 사바찐은 경복궁으로 향하는 출근길을 재촉했다.

아파나시이 이바노비치 세레진-사바찐(Афанасий Иванович Середин-Сабатин : 이하 사바찐)은 출근 시간에 늑장을 부리는 일은 한 번도 없었다.[2] 언제나 출근길을 서둘렀던 사바찐은 오늘따라 발걸음이 무거웠다. 이날 아침 자신의 집으로 찾아온 중국인 친구 통(Тон)이 떠올랐기 때문이었다.

"오늘 밤 경복궁에서 무엇인가 좋지 않은 일이 발생할지 모른다네……."

통은 일부러 찾아와 사바찐에게 미리 조심할 것을 귀띔해 주었다.[3]

불길했다. 중국인 통은 서울에 살고 있는 청국, 러시아, 일본, 조선 외교관 등과 두루 친분을 갖고 있는 정보통이었다. 통은 다름아닌, 주한 청국 외교관 당소의(唐紹儀, 1860~1938)였다. 당소의는 통역관 차이(Цай)와 늘 붙어 다녔다. 당소의는 청일전쟁 이전 주한 러시아 공사 드미뜨리옙스끼(П.А. Дмитриевский)를 자주 방문하며 다양한 정보를 교환하였다. 당소의는 조선의 정치 동향, 동학의 움직임, 외교적 소송사건 등에 적극 개입하였다.[4]

당소의는 자주 사바찐에게 말했다.

"민씨 일가는 모두 비열한 인간들이야. 조선의 개혁을 위해서 무슨 일을 하려면 민씨 일가를 몰아내야 해!"

당소의는 명성황후를 등에 업고 권력을 남용하는 민비 가문을

저주했다.[5]

2년 전 사바찐이 조선 해관(海關)에 복귀할 때 제일 먼저 소식을 전해준 사람도 바로 당소의였다. 당소의는 드미뜨리옙스끼가 사바찐의 처우문제를 해결하기 위해서 노력할 때 외교관들 사이를 오가면서 물밑에서 측면 지원을 아끼지 않았다.[6]

사바찐은 당소의 덕분에 서울에 거주하는 청국인과 원만한 관계를 가질 수 있었다. 주한 청국 외교대표 원세개까지 드미뜨리옙스끼를 만나 사바찐에 관한 좋은 인상을 갖고 있다고 말할 정도였다.

"러시아인은 우리의 이웃입니다."

"정말이지 기껏해야 러시아인 한 명만 조선의 관직에 있는 셈이죠."

원세개까지도 사바찐의 조선 해관 복귀에 힘써 주었다.[7]

1861년 시작된 청국 양무운동의 핵심사상은 중체서용(中體西用)이었다. 중화사상에 기초하여 청제국의 유교적 질서를 유지하고, 서양의 기술만 도입하자는 것이었다. 청국은 중국의 권위를 지키기 위해서 조선과 베트남의 조공체제를 그대로 유지하려고 노력하였다.

1880년대 원세개와 당소의는 조선 정부에 막강한 영향력을 행사한 인물이었다.

원세개(袁世凱, 1859-1916)는 1882년 조선에 와서 임오군란을 평정하고 대원군을 체포하여 청국으로 납치하는데 공을 세웠다. 1884년 갑신정변을 진압한 원세개는 이후 10년 가까이 조선에 영향력을 행사하였다. 원세개는 중국의 존엄을 유지하고 속방(屬邦)

체제를 유지하려고 노력했다. 그는 조선총독을 자처하는 감국대신(監國大臣)으로 조선의 내정, 외교, 차관, 해관 등에 관여하였다. 원세개는 조선의 반청(反淸)과 친러(親露) 정책을 무너뜨리고자 노력했고, 더 나아가 고종 폐위 문제를 이홍장에게 거론하기도 하였다.[8]

조선 외부 고문관을 수행할 묄렌도르프는 조선 해관에 근무할 6명을 추천해 달라고 1882년 11월 이홍장에게 의뢰했다. 그 중 묄렌도르프가 해관직에 임명했다가 외무직으로 데리고 갔던 인물이 바로 당소의였다. 당소의는 묄렌도르프를 존경했으며 최후까지 우정을 바쳤다.[9] 당소의는 원세개의 충실한 보좌관으로 조선 정책에 실무적인 역할을 담당하였다.[10]

사바찐은 혼란한 마음을 떨쳐버리기 위해 숨 가쁘게 출근길 걸음을 재촉했다. 그가 잠시 숨을 고르는 사이 인왕산과 북악산이 시야에 들어왔다. 저 멀리 두 산 사이 새들이 희미하게 보이고 잔잔한 바람에 구슬프면서 환희에 찬 울음소리가 들려왔지만, 채 몇 분도 지나지 않아 먼 하늘을 아무리 쳐다봐도 새들의 모습은 온데간데없이 사라졌고 울음소리도 전혀 들리지 않았다.

'새들처럼 기억의 흔적을 제외하곤 아무것도 남지 않고 사람들의 얼굴과 말들은 희미해지고 과거 속으로 깊이 잠겨 갈 테지.'

멀리서 인기척이 들렸다. 정신을 차려보니 당소의였다. 그를 또 다시 만나다니…….

"오늘 밤에는 절대로 출근하지 말라니까!"[11]

당소의는 사바찐에게 툭 내뱉듯이 말하고 이내 총총걸음으로 사라졌다.

궁궐 출근을 만류하는 당소의의 말을 듣고 사바찐은 어떤 음모가 꾸며져 오늘밤 실행될지도 모르며, 음모의 중심세력은 조선 군대인 훈련대일 것이라고 직감했다.[12] 전날 7일 새벽 12시에서 2시까지 일본장교에게 교육받은 훈련대 병사가 궁궐 앞에서 훈련대 해산에 반대하는 시위를 벌였기 때문이었다.[13]

순간 사바찐은 망설였다. 불길한 징후에도 불구하고 사바찐은 경복궁 출근을 결심했다. 그는 대체로 활달하고 정력적이며 감정적인 성격을 소유한 인물이었다.[14] 사바찐은 자신의 직장을 잃고 싶지 않았기 때문에 자신에게 닥쳐올 불확실한 위험을 피하지 않았다.

서대문에서 전신주가 서 있는 긴 거리를 지나면 더 넓은 거리가 나타났고 서양식 건물들이 보였다. 건물의 대지가 뒤쪽 성벽에까지 연장되어 있으므로 지대가 높아 도시의 전경과 둘레의 산들이 잘 보였다. 정동이라는 골짜기에 위치한 외국 공사관들이나 가톨릭 성당은 눈에 잘 띄었다. 그곳에는 영어로 쓰인 간판이 걸려 있는 벽돌 건물들이 있었다. 사바찐의 눈앞에 미국, 영국, 그리고 프랑스의 국기가 펄럭였다.[15]

정동(貞洞)이라는 이름에는 전설이 있었다. 옛날 조선 왕조가 세워지기 전에, 주한 영국 공사관 자리에 우물이 하나 있었다. 하루는 어여쁜 소녀가 그 우물에서 물을 긷고 있는데 지나가던 나그네가 마실 물을 달라했다. 그 소녀는 나그네에게 작은 버드나무 잎을 따서 사발 안에 띄워 주었다. 그 이유는 찬물을 급히 마시면 해롭기 때문이었다. 그 나그네는 조선 왕조를 세운 태조 이성계였다. 훗날 권력을 잡은 이성계는 그 소녀를 찾아 혼인하였다.

그 소녀는 왕비(신덕왕후)가 된 이후 중병을 앓다가 세상을 떠났다. 그녀는 숨을 거두기 전에 영혼이 그녀의 몸을 떠나자마자 커다란 연에 그녀의 이름을 적어 하늘로 날린 뒤 줄을 끊어 그 연이 떨어지는 곳에 시신을 묻어 달라고 왕에게 간청했다. 왕이 그 간청을 받아들여 그대로 따르게 했는데 연은 태조와 소녀가 만났던 곳에 정확하게 떨어졌다. 왕비는 곧 연이 떨어진 곳인 정동에 묻혔다.[16]

사바찐은 불확실한 미래를 떨쳐버리려는 순간 주변 풍경이 시야에 들어왔다.

한 번도 본적이 없는 진기한 광경에 주의를 끌면, 시선은 호기심을 머금은 채 피로한 줄 모르고 거기에 빨려 들어간다. 어느 순간 길거리의 조선인은 가까이 다가오며, 부딪치고, 걸려 넘어지기도 하며 어떤 신비스러운 힘에 이끌려 영원 속을 헤매는 사람처럼 멍한 시선과 불안정한 걸음으로 앞으로 나아간다. 이 사람들은 침묵을 지키며 도대체 어디로 가고 있는 것일까?[17]

사바찐의 눈에 초가집과 한옥도 들어왔다. 서울 가옥은 양반

들이 거주하는 한옥과 서민들이 거주하는 초가집 형태였다. 한옥은 점토로 구운 기와가 사용되었고, 초가집은 짚으로 지붕을 이었다. 나지막한 단층으로 서울 전체에 2층 이상의 일반 주민의 가옥은 없었다.

조선의 가옥은 나무로 집의 골격을 형성하고 진흙으로는 벽을 만들며 종이로 거의 모든 다른 것들을 꾸몄다. 종이로 바닥을 깔고 벽과 천장을 바르며 종이로 된 틀로 필요한 만큼 방의 내부 공간을 구분하기도 하는데, 종이는 창문의 유리를 대신하고 문짝을 만드는 데에도 이용되었다. 조선에서는 종이로 우산, 옷, 모자 등의 일상적으로 사용되는 많은 물건들을 만들었다.

조선의 가옥은 '온돌'이라는 것으로 동양에서 유일하게 난방문제를 훌륭하고 독창적으로 해결하였다. 땔감을 집어넣은 아궁이의 반대편에는 거의 길 높이에 위치한 구멍이 하나 있어 '온돌'의 내부로부터 연기를 빨아냈다. 이 연기들이 지나가는 사바찐의 눈에 피어올랐다.[18]

7시 30분 쯤 저 멀리 경복궁이 보였다. 발그스레한 달이 이미 지평 위에 떠올라 있었다. 어제 이맘때는 좀 더 높게 올라와 있었다. 경복궁 주변에 인적이 드문 것으로 보아 모든 일이 평화롭게 돌아가는 듯 했다.

'경복궁'(景福宮)은 국왕이 큰 은혜와 어진 정치를 하면 모든 백성들이 아무 걱정 없이 잘 살아간다는 뜻을 담고 있었다.

사바찐이 보기에는 경복궁은 유럽과 중국의 성에 견주어 절반 높이 밖에 안 되는 낮은 담장이었다. 사바찐은 경복궁 담장과 지붕위에 펼쳐진 인왕산과 북악산이 산맥처럼 이어지고 그 위에 하늘과 연결되는 조화가 한 폭의 풍경화 같다는 생각이 들었을 것이다.

조선의 궁궐은 도덕 군주가 되기 위해 먼저 자신을 수양하고 통치자로서의 길을 배우며, 백성을 위해 고뇌하고, 정책의 결정과 집행을 책임지기 위한 공적인 장소로 의미가 있었다. 경복궁은 사치스런 치장이나 불필요한 장식 그리고 바깥 세계와의 단절을 필요로 하지 않았다.[19]

어느덧 경복궁 정문 앞 광화문 네거리에 도착했다. 광화문 앞으로는 육조의 관아들이 늘어서 있었다. 이 일대를 '육조거리'라고 불렀다.

광화문 정면 좌우에는 상상의 동물이자 영물인 '해치(해태) 상'이 설치되었다. 본래 해치는 뿔이 하나이고 성품이 충직한데, 사람들이 싸우는 것을 보면 바르지 못한 자를 들이받고, 사람들이 서로 따지는 것을 들으면 옳지 못한 자를 무는 성질을 가지고 있다. 해치의 기능은 궁궐의 영역이니 누구든 왕보다 지위가 낮은 사람이라면 탈것에서 내리라는 하마(下馬) 표시였다.

사바찐이 고개를 쳐들자 경복궁 광화문의 현판이 눈에 들어왔다. 광화문(光化門)은 '빛으로 군주의 덕이 사방으로 덮이고, 교화로 바른 정치는 만방에 미친다'는 뜻이다. 광화문에 이어진 낮은 담장의 동쪽 끝과 서쪽 끝에는 각각 동십자각, 서십자각이 솟아 있었는데, 경복궁은 왕조의 품위와 백성과의 소통을 고민한 조선의 상징적 건물이었다.[20]

저녁 8시경
3장 분주한 경복궁

경복궁 향원정(香遠亭) - 국사편찬위원회 소장

경복궁은 궁궐이라는 광대한 울타리 안에 마치 혼잡하고 조밀한 도시 그 자체였다.[1]

사바찐은 미로 같은 국왕의 집무실 근정전을 지나 잘 꾸며진 연못에 도달했다. 경회루는 아름다운 정원과 연꽃이 무성하게 자란 연못이었고 인위적으로 만들어진 섬 위에 세워졌다. 연못과 섬 사이를 백조와 오리들이 헤엄쳐 다녔다.

근정전 서북쪽 경회루는, 나라에 경사가 있거나 사신이 왔을 때 연회를 베풀던 장소였다. 봄에는 여기저기 커다란 잎들이 중간에서 솟아오르는 억센 줄기 위에, 핏빛처럼 붉고 산의 눈처럼 하얗게 피어난 연꽃이 연못을 완전히 뒤덮었다. 가을에는 고종과 명성황후가 경회루 큰 연못에 유람선을 타고 배안의 장막을 걷으며 정취를 즐기곤 했다.[2]

사바찐은 늘 그렇듯이 경회루를 지나 향원정 오른쪽 위병소(당직실)로 직행했다. 위병소의 분위기는 평상시와 다름없었다. 침묵의 시간이 흘렀다. 그 사이 어둠은 더욱더 짙어졌고, 사물들의 형체도 흐릿해졌다. 담장 너머 불그레한 노을 띠도 완전히 사라졌고, 별들은 더욱 밝아지고 빛나기 시작했다. 새들이나 곤충들이 아니라 하늘에서 사바찐을 바라보고 있는 별들이 나직이 소리를 내면서 청각을 매혹시키는 것 같았다.

위병소는 항상 6~7명의 위관급과 2명의 영관급이 있었다.[3] 당직사령인 시위대 2대대장 참령(參領) 김진호(金振澔)가 보였다.

어제 밤 사바찐과 김진호는 성문 앞에서 해산 소식에 항의하는 훈련대의 시위로 잠을 설칠 수밖에 없었다.

"일본교관에 의해 교육받은 훈련대는 해산될 것이라는 소문에 걱정이 되어 저러는 것입니다. 훈련대는 자신들을 지키기 위해 궁궐에 모였습니다. 일본군의 설득으로 훈련대는 곧 해산될 것입니다."[4]

김진호는 걱정하는 사바찐을 안심시켰다.

사바찐은 김진호의 설명에서 훈련대의 시위가 아무 일도 아니라고 강조하는 느낌을 받았다.

왜 그런 느낌이 들었을까?

요 며칠 사이 사바찐은 훈련대의 심상치 않은 움직임을 들었기 때문이다. 10월 3일 서울에서는 훈련대 2대대 군인 10명과 경무청 소속 순사(巡査) 사이에 충돌이 실제 벌어졌다.[5] 10월 6일 '훈련대가 불온한 행동을 할지 모른다'는 소문도 나돌았다.[6]

1894년 청일전쟁 이후 일본 교관에 훈련받은 훈련대가 경복궁을 수비했다. 훈련대는 2대대로 구성되었고 인원은 대략 800명 정도였다. 10월 7일 오전 군부대신 안경수는 훈련대를 해산한다는 왕실의 명령을 일본 공사관에 전달했다.[7]

사바찐은 위병소에서 경복궁 향원정에 높이 떠 있는 달을 쳐다보았다. 달 아래로는 투명한 구름 조각이 동쪽 어딘가로 흘러가고 있었다. 모든 세상은 마치 검은 윤곽과 떠돌아다니는 하얀 그림자로만 구성된 것 같았다. 달빛에 비친 10월 저녁의 향원정을 바라보고 있던 사바찐은 이제껏 인생을 살아오면서 거의 처음으로 자신이 자연이 아니라, 정원을 오색 불꽃으로 물들이려는 삶을 꿈꿔왔다고 생각했다.

사바찐은 향원정 건너편 건청궁 주변에서 들려오는 분주한 소리를 들을 수 있었다.

고종과 명성황후가 거처하는 곳의 이름인 건청궁은 "하늘은 맑고(乾淸), 땅이 편안하며(坤寧), 오랫동안 평안하게 지내다(長安)"라는 뜻이다. 국가와 왕실의 안녕을 기원하는 의미였다.

1873년 건립된 건청궁은 경복궁의 북쪽 후원에 지어진 또 다른 형태의 궁궐이었다. 사랑채, 안채, 별채 등과 손님맞이 공간으로 구성된 건청궁은 궁궐 건축이 갖는 격식보다는 생활의 편리함이 돋보이는 양반 주택에 가깝게 지어졌다. 10년 동안 아버지 흥선 대원군의 섭정을 받아왔던 고종은 아버지의 간섭을 피하는 동시에 정치적으로 독립을 꾀하기 위해 일부러 경복궁의 북쪽 깊숙한 곳에 독립된 건물을 지었다.[8]

고종은 1852년 흥선 대원군(興宣大院君) 이하응(李昰應)의 둘째 아들로 태어났다. 1863년 어린 나이에 왕위로 올랐기 때문에 그의 아버지 대원군이 10년 동안 섭정했다. 1873년 최익현의 탄핵으로 대원군이 섭정에서 물러나자 고종은 직접 정국 현안을 주도했다.[9] 직접 정사를 결정한 고종은 쇄국정책에서 벗어나 서구 열강과의 외교관계를 추진했다.

1919년 3월 고종이 사망한 이후, 그의 말과 행동을 기록한 '행록'(行錄)에는 다음이 기록되었다.

"해외 각국의 산천과 거리, 인물, 습속 등을 모두 모아서 법률과 장정을 정밀하고 상세하게 했다."

"신하들을 온전하게 보호하여 비록 모함에 빠지더라도 형벌을 주지 않고 반드시 그 이유를 살펴 말끔히 씻어주었다."[10]

그만큼 고종은 서구 제도와 문물에 관심을 갖고 있었고 군주로서 인자하려고 노력했다.

고종을 만났던 서양인은 고종이 부드럽고 상냥하며 명랑한 성격을 가졌다고 파악했다. 영국 여행가 비숍 여사는 고종이 소박하지만 신경이 예민한 인물이라고 묘사했다. 영국 외교관 커즌은 고종의 체구는 작고 안색은 나빠 보였지만 총기 있는 눈을 소유했다고 묘사했다. 독일인 의사 분쉬는 고종이 오후 3시에 일어나서 새벽 4시까지 활동하는데 비단옷만 입어서 자주 감기에 걸린다고 기록했다.[11]

주한 외교관들도 고종의 성격을 친절하고 다정한 인물이라고 파악하였다.[12] 하지만 고종은 권력자의 야심을 숨기면서 일부러 온화하게 처신하려고 노력했을 뿐이었다.[13]

1919년 3월 고종의 행적을 기록한 '지문'(誌文)에는 다음과 같이 기록되었다.

"바르고 좋은 말을 올리는 자가 있으면 비록 빈말이어서 맞지 않더라도 끝에는 반드시 너그럽게 용납하였고 간언(諫言)을 잘 받아들였다."

고종은 독단적으로 의사를 결정하지 않고 남의 의견에 귀를 기울이는 성격이었다.[14]

고종의 왕비에 대한 애정은 남달랐다. 고종은 1882년 8월 임오군란 이후 왕비가 다시 대궐로 돌아오자 왕비에게 의존하고 있음을 시사했다.

"일찍부터 어진 왕비가 안에 앉아서 도와줌이 또한 컸다."[15]

고종은 1887년 10월 왕비의 건강이 회복된 것을 축하하는 교서(敎書)를 내렸다.

"열흘 동안 낫지 않던 병이 희망을 보이더니 몸이 점차 건강해져, 왕비의 충고를 다시 듣게 되었다."

고종은 명성황후에 대한 남다른 애정과 의존을 숨기지 않았다.[16]

밤 12시경
4장 사바찐의 궁궐 순찰

경복궁과 서울 시가지

12시경 평소와 다름없이 사바찐은 대궐 내부의 순찰을 준비했다.

궁궐 내부에는 서울의 초가을 밤이 고요히 깃들고 있었다. 멀리 떨어진 궁궐 담장 너머에 달이 뜻밖에도 높이 떠올라 있었다. 중천까지 도달한 높이였다. 엷은 초록빛을 띤 희멀건 하늘에는 별들이 듬성듬성 반짝이고 있었다. 가장 자리가 은빛으로 빛나는 누더기 구름이 달을 향해 흘러갔다. 달을 보고 깜짝 놀란 듯 별들이 더욱 약하게 반짝거리며 작은 빛을 자기 안으로 빨아들였다. 뺨을 어루만지는 밤의 어둠이 대궐 내 외등의 불빛을 사방으로 퍼트렸다.

청일전쟁 직전 일본 군대는 1894년 7월 23일 경복궁을 무력으로 점령했다. 일본 군대의 '경복궁 침입 사건' 이후 고종은 일본의 감시를 받으며 불안에 시달렸다.

최고 권력자 고종은 정신적으로 엄청난 충격을 받았고, 그 상처는 고종의 심야 집무와 연결되었다. 일본인들의 활동을 궁궐에서 감시하기 위해, 고종은 서울 주재 러시아 공사 베베르(К.И. Beбep), 미국 공사 실(John M. B. Sill), 미국인 고문관 그레이스하우스(Clarence R. Greathouse)의 조언에 따라 외국인을 경복궁에 상주시켰다. 다름 아닌 장군 다이(W. M. Dye), 대령 닌스테드(F.J.H. Nienstead), 건축사 사바찐(А. И. Середин-Сабатин) 등이었다.

경복궁에는 항상 두 명의 외국인이 체류했다. 사바찐은 1894년 9월부터 경복궁에 1주일에 4일씩 저녁에 출근하여 아침에 퇴근했다.[1]

위병소 위를 쳐다보니 어느 덧 밖의 달은 환했다. 멀리 건청궁

전등이 흐릿한 빛으로 반짝였고, 위병소의 주변에는 거뭇거뭇한 그림자가 드리워졌다. 위병소는 두 칸 남짓 작은 건물 형태였다. 그러나 그 작은 건물도 지금은 어둠 속에 덮여있었다. 위병소 위의 조그만 전등불이 바람 속에서 가볍게 흔들렸다. 바람 때문인지, 전구 위에 일곱 색깔 무지개무늬가 아롱지고 있었다. 무지갯빛이 건물을 비추어 처마 끝에 반사되었다. 색채는 무지개 모양으로 둥글게 굴곡되어 채색되었고 마치 만화경의 부서진 조각들이 모여 있는 듯 했다.[2]

별안간 건청궁 주변 전기발전기 소리가 울리기 시작했다. 발전기 소리는 탁 트인 소리로 울어대지를 못하고, 마치 목청을 가다듬듯 처음에는 쉰 목소리로 씩씩거렸다.

1887년 1월 26일 조선에 전기가 도입되어 건청궁 부근에 3쌍의 전등이 가설되었다. 조선에 처음으로 불이 밝혀진 순간이었다. 이미 조선 정부는 1886년 에디슨 전기회사로부터 백열전등 750개를 구입하였다. 고종은 전등을 무척이나 흡족하게 여겨 칙령을 선포해 궁궐의 밤을 대낮같이 밝힐 수 있었다. 전등 덕분에 고종은 대체로 낮에 잠을 자며 밤에 회의를 주재할 수 있었다.

1894년 5월 30일 경복궁 병기창(兵器廠)에 궁궐용 전등소가 완공되었다. 16촉 백열전등 2천 개를 켤 수 있는 시설용량을 갖춘 전등소였다. 경복궁의 후원과 전각을 비추는 전등도 설치되었다. 조선 정부는 '꽃전등(샹들리에)'까지 구입하였다.[3]

전기를 처음 보았던 한국인은 '마귀불'이라고 불렀다. 전기의 생성과정을 알지 못한 충격 때문이었다. 당시 자주 불이 꺼지고 비용이 많이 들어가는 것이 꼭 건달 같다 해서 우스갯소리로 '건달화(乾達火)'라고 부르기도 했다. 향원정 연못의 물을 이용하여 발전했기 때문에 '물불'이라고도 했다. 불을 밝히는 백열전등은 최대 밝기가 100촉 정도였다.[4]

발전기 소리를 뒤로하고 사바찐은 먼저 위병소에서 가까운 경복궁 북문 신무문을 순찰했다. 불길한 징후와 달리 조용했다.

사바찐은 계속해서 서문 영추문, 남문 광화문, 동문 건춘문을 돌았지만 대궐 밖에 이상한 징후는 없었다. 달은 밤하늘에 부조된 듯 선명한 윤곽을 보이며 투명한 은빛으로 빛나고 있었다. 달빛이 강렬한 편이어서 작은 구름이 파편처럼 숨어들었다. 빛이 강한 별들만이 여기저기서 반짝였다.

사바찐은 아름다움 때문에 슬픔에 잠겨 물의 요정을 노래한 '루살카(Русалка)'를 떠올렸을지도 모른다.

'구름에 싸인 붉은 달, 말없이 하늘에서 미끄러지고 호수를 보았네. 달은 구름을 쫓아 달아나고 물위에 눈처럼 새하얀 아름다운 처녀 나타났네. 갑자기 투명한 물결 속에서 가라앉아 사방엔 깊은 정적만 감돌았네.'[5]

발밑에 떨어진 잎사귀가 바스락거렸다. 순간 소리에 놀란 사바찐은 빠른 걸음으로 위병소로 향했다.

1895년 10월 8일
새벽 1시경

5장 위병소와 집옥재

경복궁 집옥재(集玉齋) - 국사편찬위원회 소장

1시 쯤 위병소에 들렸다.

아까 보았던 김진호가 눈에 들어왔다.

삼국간섭 이후 일본의 영향력이 약해지자 고종은 1895년 6월 일본 교관에 교육받은 훈련대를 약화시키기 위해서 자신의 궁궐수비대인 시위대를 신설하였다. 시위대(侍衛隊)는 총 2대대로 구성되었고, 대략 인원은 800명 정도였다. 시위대 연대장(聯隊長) 부령(副領) 현흥택, 1대대장 참령(參領) 이학균(李學均), 시위대 2대대장 참령(參領) 김진호였다.[1]

김진호는 바다를 지키는 해방영(海防營) 초관(哨官)으로 무관생활을 시작했다. 종9품 말단이었다.[2] 그러던 그가 시위대 대대장까지 승진하였다. 영리하다 할까 고지식하다 할까, 왕실에 대한 충성심이 자신의 출세를 보장해줄 것이라고 굳게 믿었다.[3]

사바찐은 위병소에서 외국인 숙소로 사용되는 협길당(協吉堂)으로 발걸음을 돌렸다. 협길은 '화합하여 좋다'라는 뜻이다. 협길당은 조선 고유의 전통에 따른 건물로 전형적인 조선 양식으로 지어 팔작지붕 특유의 단아하면서 기품이 느껴지는 건물이었다. 그 협길당과 연결된 건물은 고종의 서재로 활용되던 전각 집옥재였다. 중국풍 건물인 집옥재는 '보배를 모으다(集玉)라는 이름 그대로 옥처럼 귀한 서책을 모아두었던 곳이었다. 집옥재는 서재뿐 아니라 외국사신을 접견하는 장소로도 이용되었다.[4]

'중국풍 건물 옆 조선풍 숙소에서 잠을 자다니……새로운 삶을 찾고자 이국적인 동방을 사모했지만 불운하게도 앙상한 잿빛의 보잘 것 없는 삶만 떠올리다니……여기 인생의 촛불은 다 타버렸고……'

사바찐은 문득 자신이 이방인 속의 이방인이라는 생각이 들었다.

이 건물에선 자기가 이방인인 동시에 고독한 인간이며, 자기에게도 이 건물의 모든 것이 필요치 않다는 것을 느꼈다. 모든 과거는 그에게서 떨어져 나가 불탄 뒤 바람에 날리는 잿가루처럼 사라진다는 것을 어렴풋이 깨달았다.

1시가 넘어서 사바찐은 협길당 외국인 숙소에 누웠다. 혹시나 하는 생각에서 사바찐은 평상복을 벗지 않았다.[5] 방안도, 마음도 고요했는데, 사바찐이 막 불을 끄고 침대에 누우려는 순간 사각거리는 소리, 두드리는 소리, 깊은 한숨소리가 들렸다.

사바찐은 잠을 청했다. 그나마 오늘 밤은 순조로운 날이었다. 훈련대도 소란을 피우지 않았고, 대궐 주변도 평온했다. 하지만 누워서는 불길함을 느끼는 동시에 자신이 이방인이라는 생각에 사로잡혔다. 그리고 불현듯 우수와 고독과 그 어떤 막연한 욕망과 희망이 뒤섞인 감정이, 그리고 누구를 향한 것인지 모를 뜨거운 감정이 사바찐을 감쌌을 것이다.

'인간이란 무엇이고 인생이란 무엇인가!'

사바찐은 한숨을 내쉬며 이런 저런 생각에 몸을 뒤척였다.

사바찐은 물끄러미 천장 위를 쳐다보았다. 그러자 북방에서 지낸 어린 시절이 어슴푸레 되살아났다.

항해 학교 시절이 떠올랐다. 유럽은 이미 따분했고 새로운 인생을 얻고 싶었다. 사바찐은 배를 타고 아무르강을 떠돌며 이런 느낌을 받았을 것이다. 은빛 물결인 아무르강은 고요히 자유를 숨쉬고 있었다. 홀로 선미에 서서 뒤를 바라보니 은빛 세계가 작별을 예고했다. 부딪히는 파도소리 가운데, 미약하고 사악한 우수도 차츰차츰 조용해졌다. 곧 모든 것은 사라졌고 오로지 어둠과 기분 나쁜 악몽을 꾸고 난 뒤의 으스스한 기분이 전해질 뿐이다.[6]

사바찐은 1860년 우크라이나 동북쪽에 위치한 뽈따바주(Пол тавской губернии) 군청 소재지 루부늬(Лубны) 시에서 태어났다. 그의 아버지 이반 바실리예비치(Иван Васильевич Середин -Саббатин)는 뽈따바주의 귀족 가문 출신으로 농노와 영지를 소유한 지주였다.

사바찐의 가문은 스위스에서 우크라이나로 이주하여 정착했다. 사바찐은 자신이 조선에서 스위스인으로 알려지길 원했다.[7] 그리고 사바찐의 아들도 자서전에 자신의 몸속에 스위스의 피가 흐르고 있다고 기록했다.

민족을 가지고 논하는 건 어리석은 일이다. 어느 민족이건 질이 좋지 않은 사람은 반드시 있는 법이다. 그러나 사바찐이 기억하는 한, 중립국가 스위스인이라고 말하면 누구도 민족성을 가지고 시비를 걸지 않을 것 같았다.

이반 바실리예비치의 첫 번째 부인은 카자크 본산지 자뽀로쥐예(Запорожье) 출신의 우크라이나 여인이었다. 사바찐은 귀족출신의 아버지와 카자크인 어머니 사이에서 태어났다. 그런데 이반 바실리예비치는 그의 첫째 부인과 일찍 이혼하고 재혼했다. 사바찐은 계모로부터 차별 당했고, 정상적인 학교 교육에 적응하지 못했다. 사바찐의 삼촌은 1873년, 그가 14살 때 뻬쩨르부르크로 데려갔다.

자라면서 사바찐은 인간은 자유의지로 결정을 내릴 수 없다는 사실을 몸소 체험했고, 주변 사람들도 자신의 의지에 상관없이 가까운 사람에게 혹독하고 부당한 고통을 주게 되는 상황을 스스로 연출한다는 것을 깨달았다.

사바찐의 아들 뾰뜨르(Петр Афанасий Середин-Сабатин)는 부친의 행적을 기록했다.

"삼촌은 부친을 14살 때 니꼴라옙스끼 해양 전문학교에 보냈다. 부친은 원양 항해사가 되었다."

"부친이 항해사 양성과정만 수료한 것 같다."[8]

당시 러시아는 1827년 설치된 '니꼴라옙스끼 해양 아카데미'(Николавеская морская акаденмия), 1867년 설치된 '항해 학교'(Мореходные классы, училища) 등이 뻬쩨르부르크에 있었다. 당시 '니꼴라옙스끼 해양 아카데미'는 장교를 양성하는 고급과정이었고, '항해 학교'는 무역선의 항해를 촉진시키기 위한 일반과정이었다.

사바찐은 1895년 9월 서울에 신설되는 러시아어 학교의 교사로 자신을 추천해 달라고 주한 러시아 공사관에 요청했다.

"최소한 중등학교 과정을 이수한 인물이 필요하다."

주한 러시아 공사 베베르는 사바찐의 요청을 거절했다.

하지만 사바찐은 교육기관이 발급한 '2급 자격증명서'(право 2-го разряда)를 갖고 있다고 반박했다.[9] 사바찐이 중등학교 증명서가 없었다는 점을 참고하면 '항해 학교'(Мореходные классы, училища)를 다녔음에 틀림없다.

항해 학교는 입학 때 신분에 대한 차별이 없었고 무상교육을 실시했다. 항해 학교의 입학조건은 읽기와 쓰기에 관한 러시아어 능력증명서, 항해 경력증명서, 개인적인 신분증 등이 필요했다. 항해 학교는 3등급의 교육과정으로 구분되어 학생을 교육시켰다.

학생은 1급 과정에서 근해 항해사 자격을, 2급 과정에서 근거리 항해 상선 선장 및 원양 항해사 자격을, 3급 과정에서 원거리 항해 상선 선장 자격을 준비하였다. 1901년부터 오데사(Одесса)에 항해 학교가 설치되었고 교육과정도 3년으로 늘어났다.[10]

사바찐의 '2급 자격증명서'는 항해 학교의 2급 과정인 '근거리 항해 상선 선장 및 원양 항해사 자격증명서'가 틀림없다.

사바찐은 뻬쩨르부르크 소재 예술 아카데미 예비학부도 1년간 다녔다. 러시아 '예술 아카데미'(Российская академия художеств)는 1757년 설립된 조형예술 분야의 교육기관이었다. 예술 아카데미는 회화 및 건축 등에 대한 교육 과정이 개설되었다. 예술 아카데미는 1879년 무료로 일반인 대상의 '미술 야간강좌'를 처음 개설하였다.

'미술 야간강좌'는 일반 미술 및 박물관 교과과정 준비를 위한 예비학부 인문과정이었다. 일반인 대상이었지만 대체로 예술 아카데미 입학을 위한 준비과정이었다.[11] 사바찐은 미술을 전공한 학생이 아니었지만 입학을 위해 준비하는 학생들과 1년간 경쟁했다. 사바찐은 미술과 건축에 대한 열정으로 예비학부 과정을 마칠 수 있었다. 여기에서 사바찐은 정식적인 인증서를 받지 못했지만 기초적인 그림과 설계를 배울 수 있었다.

일단 인간의 마음에 자유로운 영혼이 깃들면 그 무엇으로도 뽑아낼 수 없다. 그래서 인간에게 다른 어떤 예술적인 영혼이 들어간다면, 그 사람은 관리나 지주로 살 수 없다. 사바찐도 그러했다.

그 후 1880년 초 사바찐은 우크라이나 서쪽 갈리찌야(Галиция)에서 태어난 독일과 폴란드계 러시아 처녀 살리치(Лидия Христиановна Шалич)와 결혼했다. 1885년 사바찐의 첫아들 뾰뜨르 아파나시(Петр Афанасий Середин-Сабатин)가 태어났다. 그의 아들 뾰뜨르는 그의 어머니에 대해 회고했다.

"나의 어머니에게서 폴란드인의 면모를 전혀 찾을 수 없었고, 오히려 독일인의 기질을 많이 발견했다."

"내 기억으로는 아버지가 모든 면에서 우크라이나 사람다운 면모를 강하게 풍겼다. 생김새, 말씨, 성격의 특징에 있어서 그는 전형적인 카자크 인이었다.'"12

카자크인은 원래 카프카스에 살았지만 13세기 몽골의 침략으로 러시아 돈강(Река дон) 유역으로 밀려난 투르크인과 슬라브인이 결합된 민족이었다.

카자크 남자는 대부분 시간을 경계를 서고 원정을 자주 하며 사냥과 고기잡이로 보냈다. 그들은 주로 집에서는 일을 하지 않았다. 마을에 머무는 일도 드문 편이었다. 카자크 남자는 모두 자신들의 술이 있었다. 음주는 그들에게 있어서 공통된 경향이라기보다는 음주를 하지 않으면 변절자로 낙인찍힐 만큼 하나의 의식이었다.

카자크 남자는 여자를 자신의 부의 도구로 간주하여 처녀 적에는 마음대로 놀 수 있게 하지만, 부인이 되는 순간부터는 한평생 복종과 노동이라는 동양적 윤리를 강요했다.

카자크 여자는 사회생활을 멀리하고 남자처럼 힘든 일에 익숙해짐으로써 가정생활에서 대부분 동양의 나라에서와 마찬가지로 강력한 영향력을 행사했다. 집 전체, 모든 재산, 수확한 모든 농산물이 그녀의 노동에 의한 것이었다.13

조선 외부 고문관 묄렌도르프(Paul George von Möllendorf, 穆麟德,1847-1901)는 1883년 1월 출장차 상해에 머물렀다. 그곳에 거주했던 많은 젊은이들이 묄렌도르프에게 찾아와 조선의 해관에 취직시켜 줄 것을 요청했다. 그 당시 묄렌도르프와 친분이 있는 상해 주재 오스트리아 총영사 하스(Hass)는 사바찐을 추천했다.14묄렌도르프는 1882년 5월 상해 주재 독일 영사를 그만두고 청국 정부에서 근무하려고 결심했다. 하지만 독일 정부는 외교 업무의 공백을 이유로 묄렌도르프의 사직을 허락하지 않았다. 그런데 오스트리아 총영사 하스가 무보수로 묄렌도르프의 업무 대리를 맡아주었다. 덕분에 묄렌도르프는 7월부터 자유로운 활동을 전개할 수 있었다. 이로 인해 묄렌도르프는 하스의 사바찐 추천을 거절할 수 없었다.[15] 그 후 사바찐은 조선 해관의 관리 명단에 포함되었다.[16]

묄렌도르프는 청국과 조선에서 외교관으로 근무하였다. 그는 조선을 둘러싼 청국, 일본, 러시아, 영국의 외교관계를 지켜봤다. 묄렌도르프는 기본적으로 조선에서 러시아와 독일로서 청국이나 일본 및 미국과 균형을 이루게 할 생각이었다. 묄렌도르프는 조선과 러시아의 외교관계를 강화시켜 청국과 일본에 맞선 조선의 자주권을 추진한 인물이었다.[17]

유럽에서 사람들은 살기가 좁아 답답해서 죽지만, 러시아는 살기가 너무 광활해서 죽는다. 공간이 너무 넓어 작은 인간이 스스로 방향을 설정할 힘이 없기 때문이다. 광활한 러시아를 뒤로한 사바찐은 미지의 나라 조선을 선택했다.

상해에 머물렀던 사바찐은 1883년 9월 인천을 통해서 입국했고, 건축과 토목 공사를 담당하는 '영조교사(營造敎士)'로 조선 정부와 계약을 체결했다.[18] 인천에 도착하여 왕궁의 도면을 작성한 사바찐은 벽돌을 생산하는 방안을 제시하면서 불연성의 이엉지붕 설

비안도 함께 내놓았다. 하지만 비용문제로 실행이 어려워지자, 그는 인천 해관에 근무하게 되었다.[19]

사바찐은 1884년 인천 해관원 소속 외국인 7명 중에서 세 번째 직위인 '토목사'로 임명되었고, 그 후 약 1년 동안 15~16명의 조선인을 인솔하여 부두축조공사를 직접 지휘했다.[20] 사바찐은 1887년 제물포 소재 해관의 배를 감독하는 사무도 맡았다.[21]

사바찐은 조선 주재 독일 영사관과 긴밀한 관계를 유지했다. 독일 영사 라인스도르프(F. Reinsdorf)는 1891년 청국 경찰이 독일 영사관에 침입하자 해결 방안을 사바찐에게 물어볼 정도였다. 사바찐은 라인스도르프에게 주한 러시아 공사 드미뜨리옙스끼를 찾아가 자문을 구할 것을 제안하였다.[22] 그 배경에는 사바찐의 부인 살리치(Лидия Христиановна Шалич)가 독일계 우크라이나인으로 조선 주재 독일 외교관과 친했기 때문이었다.

사바찐의 성격과 능력에 대한 평가는 다양했다.

러시아 공사 드미뜨리옙스끼는 사바찐을 긍정적으로 평가했다.

"공정(工精)에 익숙하고, 모든 일이(諸事) 꾸밈없다."

드비뜨렙스끼는 1891년부터 서울 주재 러시아 공사로 임명되어 사바찐의 건축활동 및 관직임명을 적극적으로 지원했던 인물이었다.[23]

그런데 1895년 즈프(芝罘) 주재 일본 영사 히사미즈(久水三郎)의 판단은 달랐다.

"사바찐은 매우 신경질적인 사람이었다."

히사미즈는 1883년부터 인천 주재 일본 영사에 임명되어 사바찐을 관찰했던 인물이었다.[24]

사바찐의 아들 뾰뜨르는 그의 아버지를 이렇게 묘사했다.

"부친은 성격이 매우 느긋하고 늘 태평한 사람이었으며, 무슨 일에도 능력이 비범했다."[25]

사바찐은 어머니의 '카자크' 기질에서 모험심이 강한 용맹함을 물려받았다. '모든 일이 정확하고 능력의 비범'은 자신의 업무에는 철저하려는 그의 노력을 보여주었다. 그리고 '신경질'적인 측면은 그의 다혈질적 성격을 반영하였다.

새벽 1시경
6장 공덕리의 흥선 대원군 저택

공덕리 아소당(我笑堂, 흥선 대원군이 사용하던 별장) – 국사편찬위원회 소장

10월 8일 새벽 1시경. 사바찐이 뒤척이는 사이 마포 공덕리 흥선 대원군 저택은 분주했다.

전 군부고문 오카모토(岡本柳之助)는 마포에서 일본 영사관보(領事官補) 호리구치(堀口九萬一) 등을 대동하고 숨 가쁘게 달려 1시경 대원군의 저택에 도착했다. 그 저택은 아소당(我笑堂)이었다. 대원군은 1870년 공덕리(孔德里)에 자신의 묘지를 조성하면서 아소당이라는 별장을 만들었다. 아소당은 솟을대문, 'ㄷ'자형의 안채와 행랑채, 'ㄱ'자형의 사랑채 등으로 구성되었다. 아소당 정면은 탁 트였고, 뒷면은 소나무가 빽빽했다.[1]

대원군을 비롯한 그의 아들 이재면, 손자 이준용 등은 낯설지 않은 불청객을 맞이했다. 오카모토의 회고록을 살펴보면 당시 대원군은 스스로 의관을 갖추고 일본이 의도한 것처럼 경복궁으로 순순히 향했다.[2]

하지만 대원군은 그날 1시에 곧바로 출발하지 않고 2시간 동안 자신의 저택에서 지체했다. 그 이유는 무엇일까?

석파(石坡) 대원군은 강직하고 야심찬 인물이었다.[3] 대원군을 만났던 서양인은 대원군의 성격을 현명하고 차분하며 개성이 강하고 강한 의지와 신념을 가졌다고 파악했다. 주한 미국 공사 알렌(H.N. Allen)은 대원군이 '친절한 온정'을 소유한 인물이었고, 대원군의 마음을 감동시킬 수만 있다면 대원군과 확고한 친구가 될 수 있다고 판단했다. 헤이그 특사 헐버트(H.B. Hulbert)는 대원군의 주변 인물들이 대원군의 어려운 상황에도 끝까지 충성을 다했다며 그의 인간성에 놀라움을 표시하고 진실로 위대한 인물이라고 평가했다. 알렌은 1885년 10월 11일 대원군이 제중원 병원을 방문할 당시 서양인을 만날 때 모자를 벗는다는 사실을 알고 있을 정도로 서양 예절까지 충분히 이해한 인물이라고 기록했다. 그럼에도 러시아 육군 대령 까르네예프(В.П. Карнеев)는 권력에 대한 야욕이 매우 강했다고 대원군을 평가했다. 대원군은 불굴의 투지를 권력의 독점에 집중시켰다.[4]

주한 일본 공사 미우라(三浦梧樓)는 대원군을 이렇게 평가했다.

"대원군이 국제 정세만 정확히 파악한다면 동양의 뛰어난 외교가로서 손색이 없을 것이다."[5]

그런데 주한 일본 서기관 스기무라(杉村濬)는 대원군의 대외정책 변화 원인을 추적했다.

"대원군은 철저한 중화주의자와 양이론자였다. 그러나 세계정세 변화를 파악한 대원군은 동양평화를 위해서 조선, 일본, 청국 삼국동맹의 필요성을 인식하였다."[6]

대원군은 1860년대부터 1870년대까지 서구 열강과의 접촉에서 외세의 영향력을 직접 경험했고, 러시아 또는 미국 등 서구 열강 중 한 나라에 치우치지 않는 외교정책을 펼치려고 노력했다.[7] 그만큼 대원군은 풍부한 정치경험에 기초하여 외교관계의 미묘한 변화와 흐름을 꿰뚫어 보는 안목을 갖고 있었다.

대원군은 여러 차례 정치적 격변을 겪으면서 권력의 냉혹함을 맛보았다. 그는 1882년 6월 임오군란이 일어났을 때 고종으로부터 사태수습을 위한 전권을 위임받고 권력을 장악했다. 하지만 대원군은 청나라 군대에 의해 톈진으로 납치되었고 1885년 겨우 조선으로 돌아올 수 있었다.[8]

1894년 7월 23일 일본 군대의 '경복궁 침입 사건' 당시 대원군은 주한 일본 공사 오토리(大鳥圭介)와 함께 참여했다.[9] 하지만 대원군은 갑오정권의 군국기무처(軍國機務處) 개혁 정책을 반대하다가 주한 일본 공사 이노우에 의해 정계 은퇴를 강요당했다.[10]

을미사변 직후 주한 외교관을 포함한 외국인 대부분은 을미사변의 배후로 대원군을 지목했다. 그런데 대원군의 을미사변 주도와 관련되어 당대 주한 외교관 및 외국인의 기록에서도 판단이 상호 엇갈렸다. 동일한 자료조차도 대원군의 주도설과 관련되어 기록이 모순된 사례가 많았다.

을미사변에 관한 상세한 일기를 작성한 프랑스 주교 뮈텔은 사건 당일 대원군이 일본 자객에 이끌려 경복궁으로 갔다고 기록했다.[11]

사건 다음날 뮈텔은 판단했다.

"모든 일들이 대원군의 복수극이다."

"대원군이 왕세자를 폐위시키고, 이준용을 왕세자로 책봉하려는 의도를 갖고 있다."[12]

그런데 사건 발생 1주일 후 대원군에 관한 뮈텔의 기술은 상당히 달라졌다.

뮈텔은 서울 여론의 변화를 기술했다.

"대원군이 최근에 일어난 일련의 사건들의 희생자였으며, 지금 대궐에 죄수처럼 감금되어 있는 상태이다."

뮈텔은 을미사변 당일 공덕리 별장의 상황을 구체적으로 묘사했다.

"검은 옷을 입은 일본 자객들이 대원군의 거처에 침입했고, 대원군은 그들에게 오랫동안 저항했다. 하지만 그들은 대원군을 강하게 재촉했고, 신변의 위협을 느낀 대원군이 가마에 올라탔다."[13]

뮈텔은 당시 공덕리 별장에 있었던 경무관 강화석의 목격 내용을 기록했다.

"대원군을 지키던 순검이 두려움에 사로잡혀 순검 제복을 벗었다. 일본인들이 그 순검들의 제복을 입었다."[14]

조선 순검 10여명의 복장을 착용한 일본 군인과 자객들은 대원군과 함께 경복궁으로 출발했다.[15]

사변 당일 현장에 있었던 이준용은 뮈텔 주교에게 다음과 같이 말했다.

"대원군이 협박에 못 이겨 대궐로 끌려갔다."

"일본 공사 미우라는 '대원군이 왕의 소환 때문에 대궐에 들어갔다'는 서류를 꾸며 대원군에게 강제로 서명하도록 강요했다."[16]

을미사변 이후 주한 미국 공사 대리 알렌은 '대원군의 혁명'이라는 제목으로 본국 정부에 보고서를 보냈다. 사건 직후 알렌도 대원군을 배후라고 지목했다.

알렌은 1895년 10월 10일 국무장관 올리(G.R. Olney)에게 보고했다.

"대원군을 지지하는 세력은 대원군과 함께 일본인에게 교육받은 훈련대의 불만을 이용하여 음모를 계획했습니다. 훈련대를 지원하기 위해서 서울에 거주하는 일본인들이 주도했습니다."[17]

"대원군이 일본과 연합했지만 외국인을 배척하는 그의 성격상 곧 일본과의 연합이 해체될 것입니다."[18]

알렌은 을미사변 직후 대원군이 정국을 주도하는 인물이고 대원군을 대적한 인물이 없다고 파악했고 대원군과 일본의 일시적인 연합이 해체될 것을 전망했다.

그런데 사건의 진상을 규명하는 과정에서 알렌도 점차 을미사변의 배후에 일본이 깊숙이 개입되었다고 인식했다. 알렌은 1895년 10월 17일 주한 러시아 공사 베베르의 증언을 국무장관 올리에게 보고했다.

"대원군이 일본 군대에 의해서 대궐로 끌려갔습니다. 일본 군인이 자객들과 훈련대를 선도하였고, 그들에 의해 저질러진 잔악행위를 목격했습니다."[19]

주한 영국 총영사 힐리어는 1895년 10월 11일 본국 정부에 보고했다.

"일본 군대가 대원군을 호위해서 대궐로 갔다. 증거는 충분하며 모두 일치하고 있기 때문에 이 사실을 받아들이지 않는 자는 미우라 공사뿐이다. 다이 장군도 일본군이 대원군의 가마를 호위해 가는 것을 직접 보았다."

힐리어는 대원군의 아들 이재면의 증언을 바탕으로 다음과 같이 기록했다.

"나와 부친이 일본군에 끌려 궁궐로 오게 되었는데, 일본 공사가 만약 이 사실을 누설한다면 무서운 결과가 초래할 것이라고 위협했다."

"모든 조선인은 대원군이 일본인의 꼭두각시일 가능성을 믿는다."[20]

힐리어는 1895년 10월 14일 이재면의 증언을 북경 주재 영국 공사 오코너(N.R. O'Conor)에게 이렇게 보고했다.

"대원군을 포함한 나는(이재면) 만약 왕의 안전에 대한 위험이 없다면 하루도 대궐에 남아있지 않을 것이다. 하지만 현재의 상황 아래에 고종을 버려둘 수 없다. 주한 외국 대표들이 고종을 계속 방문해 줄 것을 충심으로 희망한다."

동시에 힐리어는 이렇게 기록했다.

"대궐에서 사건이 발생한 24시간 후 대원군이 왕의 숙소에서 저지되었다. 그리고 고종은 다른 사람이 접근할 수 없도록 강력한 경계에 놓았다."[21]

이재면은 을미사변 관련 2개의 비밀문서를 힐리어에게 전달했다.

하나는 고종이 대원군에게 대궐로 와서 자신을 구해달라는 문서였고, 다른 하나는 대원군이 훈련대에게 자신을 도와서 대궐로 집결하라는 문서였다. 즉 2개의 문서는 을미사변에서 일본의 책임을 면할 수 있는 결정적인 증거가 될 수 있었다.

그런데 힐리어는 2개의 문서가 10월 7일자로 작성되었지만, 실제로 3일전 10월 4일 작성되었고, 위조된 문서라고 본국 정부에 보고했다.[22] 사실 이재면은 2개의 문서가 일본 공사관에 의해 위조된 문서임을 확인시키기 위해서 힐리어 공사에게 보냈다. 결국 일본 공사관은 대원군과 훈련대에게 을미사변의 모든 책임을 뒤집어씌우려고 위조문서까지 만들었다.

힐리어는 1895년 11월 1일 대궐을 방문해서 고종을 알현한 후 대원군도 만났다. 그날 힐리어는 대원군의 어두운 모습을 묘사했다.

"대원군은 나에게 걸어왔다. 그는 어눌한 중국말로 나에게 말했다. 대원군은 매우 혼란스러워 했으며 미래에 대해서 두려워했다."

그토록 대원군이 혼란스럽고 두려워하는 이유가 무엇이었을까?

힐리어는 대원군과의 대화 이후 자신의 판단을 기록했다.

"음모자 중 대원군은 단순한 역할을 했을 뿐이다."

"만약 대원군이 최근 사태의 전체적인 책임을 받아들인다면, 음모자는 그들의 범죄를 은폐시킬 수 있다."[23]

대원군은 을미사변의 모든 책임이 자신에게 돌아가는 상황을 두려워했다. 일본은 대원군을 책임자로 몰 수 있다면 을미사변에 관련된 자국의 주요인물을 보호할 수 있고, 일본의 책임을 최소화 시킬 수 있었다.

주한 러시아 공사 베베르는 사변 직후 대원군과 일본인을 동시에 주목하며 보고했다.[24]

"서울에 거주하는 사람들은 대원군이 정권을 잡을 것이라고 예측하고 있다."[25]

그런데 베베르는 외무대신 로바노프(А.Б. Лобанов-Ростовский)에게 1895년 10월 9일 일본 군대의 강압을 주목했다.

"사람들에 따르면 대원군은 조선인이 아니라 일본 군대에 의해서 공덕리 저택으로부터 이송되었습니다."[26]

을미사변의 실체를 파악한 베베르는 1895년 10월 31일 서울 주재 비공식 외교단 회의에서 다음과 같이 주장했다.

"일본 정부는 조선, 특히 자신의 부인을 잃은 고종에게 가한 피해를 보상해야한다."[27]

뮈텔, 알렌, 힐리어, 베베르 등은 을미사변 직후 대원군이 사건의 배후라고 생각했다. 하지만 그런 판단은 오래가지 못했다. 일본인의 경복궁 침입, 대원군의 경복궁 출발 지체, 일본 공사관의 문서 위조 등 대원군을 배후라고 볼 수 없는 많은 사실들이 드러났기 때문이다. 그리고 을미사변 직후 대원군은 고종과 분리되면서 정치현안에 개입하지도 못했다. 대원군을 배후로 내세운 세력에 대한 혐의가 자연스럽게 일본 공사관으로 옮겨졌다. 그만큼 사건 초기 일본 공사관은 여론의 시선을 따돌리기 위해서 대원군을 철저하게 이용했고, 대원군을 음모의 배후자로 주목받게 만들었다.

7장 대원군이 경복궁에 끌려간 이유

흥선 대원군(1820~1898) – 한미사진미술관 소장

이미 1895년 9월 대원군이 의도했던, 의도하지 않았던 음모의 징후가 나타났다. 대원군의 저택에 자주 출입하는 홍현철은 9월 10일경 주한 일본 공사 이노우에의 조선 정책이 잘못되었다고 주장했다.

홍현철은 한통의 편지를 일본 영사관보 호리구치(堀口九萬一)에게 전달했다.

"대원군이 정치에 다시 관여해야한다."

그 후 호리구치는 오기와라 경부 등과 함께 홍현철을 통해서 대원군과 연락을 시도했다.[1]

그뿐만이 아니었다.

"대원군을 다시 내세우는 방법밖에 없다."

전 군부협판 이주회는 9월 하순 3차례나 일본 공사관 서기관 스기무라를 찾아와 대원군의 입궐을 강력하게 주장했다. 이주회는 일본 공사관의 통역관 아사야마(淺山顯藏)와 친교를 바탕으로 일본 공사관에 출입할 수 있었다.[2]

10월 초 미우라 공사는 호리구치를 파견하여 스기무라의 초안을 대원군과 협의할 것을 제안했다. 그런데 스기무라는 호리구치가 경험이 미숙하기 때문에 대원군이 본심을 털어놓지 않을 가능성이 높다며 오카모토를 적임자로 적극 추천하여 관철시켰다. 10월 3일 스기무라는 일본 공사관에서 오카모토를 만났고, 4개조의 약속 초안을 오카모토와 협의하여 일부 내용을 수정했다.[3]

이런 상황에서 미우라 공사의 지시를 받은 스기무라는 10월 3일 대원군에 제시할 4개조 약속초안을 완성했다.

"첫째 대원군은 국왕을 보좌하는데 단지 궁중의 사무만 담당하여 정무는 일체 간섭하지 않는다. 대원군은 궁내부의 세력을 확대하지 못하며, 정부 관원의 인사에 개입하지 않는다. 둘째 대원군은 김홍집, 어윤중, 김윤식 등의 개혁파 인물을 중용하고, 외국인 고문관의 의견에 따라 정치 개혁을 실행한다. 셋째 이재면을 궁내부대신, 김종한을 궁내부협판에 임명한다. 넷째 이준용을 3년간 일본에 유학시킨다."[4]

4개조 약속 초안 중 주목되는 부분은 대원군의 아들 이재면, 대원군의 손자 이준용과 관련된 대목이다. 당시 스기무라는 정국 개편을 위해서 대원군을 활용하는 방안에 대해서 매우 고심했다. 왜냐하면 대원군은 1894년 7월 23일 일본 군대의 '경복궁 침입 사건' 당시 일본을 배제하고 정국을 주도하려고 시도했기 때문이다.[5] 그래서 스기무라는 대원군이 궁중의 사무만 담당하도록 규정했다.

그뿐만이 아니었다. 스기무라는 대원군이 인사 문제에 객관성을 잃었다는 부분을 부각시키기 위해서 그의 아들인 이재면을 궁내부대신에 임명하는 방안도 고려했다. 무엇보다도 대원군이 향후 정국을 주도할 것에 대비해서 볼모로 이준용의 일본 유학도 적극적으로 유도했다.

스기무라 후카시(杉村濬, 1848~1906)는 1886년 10월 주한 일본 공사관 서기관에 임명되었고, 그 후 여러 차례 주한 일본 대리공사(代理公使)를 역임하였다. 그는 조선에서 "작은 왕"이라고 불릴 정도로 조선의 정치 상황에 정통하였다.

1894년 6월 스기무라는 외무대신 무쓰 무네미쓰(陸奧宗光)에게 보고했다.

"민씨 일파를 몰아내고 반대파 또는 중립적인 인사를 정부에 등용해야 합니다."

스기무라는 조선에서 일본식 정치개혁의 걸림돌로 명성황후를 지목하였다.[6]

그런데 4개조 약속 초안은 대원군에게 불리한 조항으로 구성되었다. 대원군은 정국 현안에 대해서 자신이 직접적으로 개입할 수 없고, 김홍집 내각을 비롯한 개화파의 정국 운영을 인정해야 하고, 손자인 이준용을 일본에 볼모로 보낼 수밖에 없었다. 정치적인 이해득실로 따지면 스기무라의 제안은 대원군의 참여를 유도하는 명분으로 적합하지 않았다.

그럼에도 대원군은 을미사변 당일 왜 경복궁으로 향했을까?

대원군과 명성황후는 1880년대 임오군란 등 정치적으로 대립했다. 두 사람은 1894년 9월에도 정국 주도권을 둘러싸고 심각하게 갈등했다.[7] 대원군은 삼국간섭 이후 정국을 주도한 왕비의 영향력을 단절시킬 수 있다고 판단했다.

대원군은 평소 그의 손자 이준용에 대한 강한 애착을 보였다. 대원군은 1895년 4월 '이준용 역모사건' 당시 특별법원(特別法院)의 심리 기간 내내 강력하게 항의했고, 5월 이준용이 강화도 교동도(喬洞島)에 유배당하자 교동도까지 쫓아가려고 했다.[8]

당시 대원군 손자 이준용의 체포를 주도한 인물은 조선 법부고문 호시 도루(星亨)였다.[9]

"죄는 나에게 있으니 내가 손자를 대신하겠다."

당시 대원군은 호시 도루를 비난하면서 재판소를 향해 강력히 저항했다. 이준용은 국왕의 특별사면으로 교동도에 유형 10년으로 감형되지만, 대원군은 손자를 만나려고 한강나루까지 간 것이 발각되어 공덕리 별장에 연금되었다. 그해 8월 특사로 석방된 이준용은 공덕리에 들어와 대원군과 함께 거주했다.[10]

스기무라는 손자에 대한 대원군의 애착을 이용했다. 즉 스기무라를 비롯한 일본 공사관은 만약 대원군이 4개조의 약속 초안을 수용하지 않는다면 이준용의 신변을 보장할 수 없다고 대원군을 위협했음에 틀림없다. 그날 대원군은 일본 자객이 자신의 목숨보다도 소중한 손자 이준용을 위협하자 일정한 타협을 진행할 수밖에 없었다.[11]

그렇지만 일본과의 결탁은 대원군의 정치적 이미지에 커다란 상처를 줄 수밖에 없는 상황이었다. 을미사변 당일 오카모토가 새벽 1시에 찾아왔지만 대원군은 새벽 3시까지 저항하면서 고

심하였다.[12]

스기무라 서기관은 대원군을 사변에 끌어들이기 위해 치밀한 작전을 전개했다. 즉 스기무라는 대원군을 가담시키기 위해서 여러 인맥을 동원했다. 오카모토와 이주회가 그 대표적인 인물이었다. 만약 대원군이 을미사변 가담 의사를 미리 알렸다면 일본이 대원군을 유도할 계획을 세울 필요는 없었다.[13] 결국 대원군이 을미사변을 계획한 것이 아니라 일본 공사관이 을미사변을 치밀하게 계획했다.

10월 5일 오카모토는 귀국을 가장하여 스즈키 통역관과 함께 공덕리에 도착했다. 그 자리에는 대원군을 비롯한 이재면, 이준용도 함께 참석했다. 그 날 오카모토는 대원군과 정치 현안에 대해서 논의하면서 직접 정치에 개입할 것을 제안했다. 스기무라는 오카모토의 보고를 통해서 다음과 같이 기록했다.

"대원군은 입궐할 결심을 군히고 밀약에 동의를 표시하면서 붓을 들고 그 뜻을 자필로 썼다."[14]

그런데 스기무라는 을미사변을 준비하면서 다음과 같이 기록했다.

"대원군의 정무 간섭을 막고 이준용을 멀리 보내 왕비와 왕세자를 안심시키는 것까지 신경을 썼다."[15]

대원군은 정변의 전체적인 계획을 알지 못했고, 일본 자객이 명성황후를 시해하는 계획까지는 파악하지 못했다.

이미 미우라를 비롯한 일본 공사관은 을미사변 이후 수습 방안 중 사건의 책임자로 대원군을 설정했다. 그래서 스기무라는 대원군이 자발적으로 4개조의 밀약까지 동의한 것으로 기술했다.

　　오랜 정치적 경험으로 노회한 대원군은 자신의 정치적 활동을 구속하는 4개 조항을 동의할 수 없었다. 대원군은 새벽 1시부터 3시까지 정변에 가담하지 않으려고 버티고 또 버텼다.

8장 대원군의 침묵과 개화파의 참가

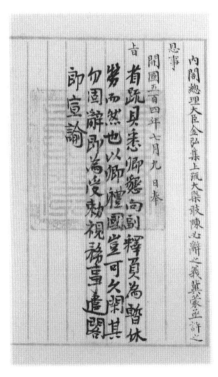

김홍집 상소에 대한 고종의 비답(1895년 7월 9일) –
국사편찬위원회 소장

아관파천 이후 조선 법부고문 그레이스하우스(Clarence R. Greathouse, 具禮)는 을미사변 재 조사의 모든 소송절차를 감독했다. 그는 1896년 4월 히로시마 재판소 결정서와 함께 한통의 문서를 대원군에게 보냈다.

"올해 1월 20일 일본 히로시마 재판소에서 결정서를 작성했는데, 그 결정서 내용 중 전하의 행동이 많이 언급되었습니다. 전하와 관련된 내용을 해명해 주시길 바랍니다."[1]

대원군은 1896년 5월 을미사변에 관한 자신의 의혹에 대해 짧게 답변했다.

"아직도 이 문제가 세간에 걱정거리로 남아있다 하니 참기 어려운 일이며 한스럽기 그지없다. 작년 8월 사변에 대해서는 여론이 제멋대로인데 나의 말이 무슨 소용 있겠는가? 나는 그저 조용히 있을 뿐이다."[2]

대원군은 어쩔 수 없이 을미사변에 가담했다. 하지만 을미사변에 가담했다는 자체가 대원군에게는 정치적으로 치명적이었다. 대원군은 해명보다는 침묵을 택했다.

말이란 아무리 화려하고 깊이가 있어도 별다른 감정이 없는 사람에게만 효력을 발할 뿐, 행복이나 불행에 빠져 있는 사람에게는 언제나 만족을 주지 못하는 법이다. 따라서 침묵이 때로는 행복이나 불행을 표현하는 보다 효과적인 방법이 될 수도 있다.

그랬던 대원군도 죽음을 앞두고 자신의 복잡한 심정을 기록으로 남겼다. 대원군은 1897년 12월 13일(음력 11월 20일) 아무르총독 그라제꼬프(Н.И. Гродеков)에게 한통의 편지를 보냈다.

"우둔한 자들이 음모를 꾸며 부자지간을 이간시켜 놓았다. 고종은 천성이 선량하나 나쁜 신하들의 영향을 받았다. 자신은 지금 어둠 속에 있고 누구에게도 모습을 보이지 않고 있으며 결백하고 아무 잘못도 저지르지 않았다."[3]

대원군은 자신을 향한 올가미가 서서히 죄어오는 현실을 느꼈다. 그렇지만 대원군은 을미사변에 관한 진실을 구체적으로 증언할 수 없다고 판단했다. 그럼에도 대원군은 죽기 석 달 전 자신의 정치적 결백만은 스스로 주장하고 싶었다.

천하의 대원군도 죽음을 앞두고 자신의 억울한 마음을 억누를 길이 없었다. 주변은 고요하고 평온하다. 주변이 평온한 건 불행한 사람들이 말없이 자기 짐을 지는 덕분이다. 불행한 사람들이 침묵하지 않으면 주변의 평온이란 불가능하다.

그런데 을미사변과 관련하여 조선 정부 관료 중 상당수의 인물이 사건에 개입되었다.

총리대신 김홍집은 을미사변에 관한 사항을 사전에 알고 있었다. 주한 특파공사로 파견된 이노우에는 김홍집이 대원군, 스기무라와 함께 사변 3일 전에 사적으로 협의했다고 주장했다.[4]

당시 경복궁에 침입한 일본 사관학교 출신 권동진은 회고했다.

"개혁파와 관련된 사람들은 물론 전부 참가했다."[5]

권동진은 김홍집 내각에 참여한 개화파 인물 중 대부분이 참여했음을 시사했다.

김홍집(金弘集, 1842-1896)은 1894년 여름 영의정에 임명되었다. 김홍집은 같은 해 7월 23일 일본 군대의 '경복궁 침입 사건' 이후 1차 갑오정권에서 총리대신으로 내각을 이끌었다.[6]

총리대신 김홍집은 1895년 11월 6일 이노우에 공사와 함께 정국 현안에 대해서 논의했다. 이날 이노우에 공사는 왕비 시해와 폐위가 모두 조선 정부의 책임이라고 주장했다. 이노우에는 을미사변을 조선 역사에서 가장 치욕적인 사건이고, 조선이 야만적인 민족이라는 것을 알려준 사건이라고 강조했다.[7] 이노우에는 철저히 조선 정부의 책임론을 부각시켰다.

이노우에 가오루(井上馨, 1836-1912)는 조선과 일본의 중요한 외교 사건에 깊숙이 관여하여 조선 문제에 정통한 인물이었다. 청일전쟁 이후 조선의 보호국화 문제가 초미의 관심사로 등장하자 그는 1894년 10월 28일 조선에 특명 전권공사로 파견되어 조선 내정에 개입하였다. 1894년 11월 이노우에는 군국기무처의 개혁 정책을 반대하는 대원군을 정계에서 은퇴시켰다. 1895년 6월 일본 정부는 이노우에 공사에게 귀국을 명령하였고, 이노우에는 자신의 후임으로 육군 중장 출신 미우라 고로(三浦梧樓)를 공사로 추천했다.[8]

1895년 11월 6일 이노우에와의 대화에서 김홍집은 반발했다.

"군대를 지휘하는 장교들의 위협 때문에 나머지 대신들과 마찬

가지로 그들의 요구에 동의할 것을 강요당했다."[9]

김홍집은 모든 비난의 화살을 훈련대 장교 탓으로 돌렸다.

김홍집은 자신의 배신행위에 대한 비난을 변호하며 현재의 위기 상황을 강조했다.

"죽어서보다는 살아서 임금을 훨씬 더 잘 보좌할 수 있다."

"도망자들이 고종과 왕세자를 러시아 공사관으로 유도하고 있다."[10]

김홍집은 현재 권력을 유지하기 위해서 일본의 지원을 통한 조선 개혁을 구상했다. 김홍집은 이노우에의 비판에 직면하면서 끝까지 궤변을 늘어놓았다.

'내 일생은 자신과 타인을 감쪽같이 속이기 위한 나날의 궁리 속에서 흘러갔다. 나는 죽는 순간까지 이런 거짓에서 벗어날 수 있을까? 내 삶에서 무엇이 진실이고 무엇이 거짓인지.'

고종은 을미사변에 가담한 조선의 주요 인물을 '김홍집, 유길준, 조희연, 정병하'라고 지목했다. 고종과 왕세자는 김홍집을 포함한 4명의 을미사변 관련 사실을 진술했다.

"4명의 역적이 외국 군대를 불러들이게 했으며, 훈련대를 몰래 이용했다."

"10월 10일 외국 군사가 와서 호위한다는 거짓 조서를 정병하가 써서 강제로 반포했고, 조서는 모두 4명의 역적이 만든 것이다."

아관파천 이후 당시 일부는 상소문을 통해서 개화파의 뿌리를

1884년 '갑신정변 세력'이라고 규정했고, 갑신·갑오·을미 정변의 주역들이 동일한 세력이라고 주장했다. 그 중 궁내부 특진관 민영소(閔泳韶)는 명성황후의 '행록'에서 갑신정변 세력에 대해 기록했다.

"갑신년에서 시작한 것으로 남김없이 처단하지 못한 까닭에 조정의 반열에 있으면서 서로 은밀히 결탁하여 선대 임금들의 법도를 변경시켜 하나의 큰 사변을 무르익게 했습니다."[11]

당시 김홍집, 유길준, 조희연, 정병하 등 개화파 관료, 우범선과 이두황 등 훈련대 장교, 권동진, 정난교, 이주회 등 일본사관학교 출신 등이 을미사변을 사전에 인지했고 적극적으로 가담했다.

사실 정변에 가담한 정치세력은 독자적인 계획을 세웠다.

"대원군으로 하여금 그 아드님 되시는 상감께 말씀하여 (왕비를) 폐비케 한 후에 다시 사약을 내릴 계획이었다."[12]

일본 사관학교 출신 권동진은 을미사변 참가 및 그 파장을 회고했다.

"왕비를 폐위시키고 민비 일족과 수구파 일당을 제거하기 위해서 정변에 참여했다."

"우리들이 선봉을 서지 못한 까닭에 큰 누명을 쓰게 되었다."[13]

그들은 정권교체를 위해서 을미사변에 가담했지만 명성황후를 직접적으로 살해하려고 계획하지 않았다. 그들은 정치적 주도권을 획득한 다음에 명성황후를 공식적으로 폐위시키는 수순을 밟으려고 계획했다.

새벽 3시
9장 대원군의 출발

남대문(崇禮門) – 국사편찬위원회 소장

새벽 3시. 그 시각 마포 공덕리 아소당은 분주했다. 새벽 1시에 공덕리에 도착한 일본 자객들은 대원군의 지체로 겨우 새벽 3시에 경복궁으로 출발할 수 있었다.

새벽녘 밤공기는 차가웠다. 10월 초가을의 차가운 밤공기는 가마를 타고 출발하는 대원군을 비롯한 일본 자객들의 가슴을 짓눌렀다. 일본 수비대 중 일부가 선두와 후미를 호위했고, 훈련대는 가마 앞뒤를 경계했으며, 일본 자객들은 가마 옆에 바짝 붙었다.

기이한 광경이었다. 그림자 하나 없는 새벽녘, 텅 빈 거리, 달빛을 받아 희뿌옇게 빛나는 별들. 수비대와 훈련대의 발걸음…… 한 인간의 운명쯤 아무렇게나 뒤바꿀 수 있는 세상이었다.

일본 수비대는 도중에서 대원군의 가마를 기다렸다가 대원군을 호위하여 입궐할 예정이었다.[1] 그날 영사관보(領事官補) 호리구치(堀口九万一)와 경부(警部) 오기와라(萩原秀次郎) 두 사람은 미리 서울 방면에서 말을 타고 출발해서 일본 수비대를 안내해 오기로 했다. 일본 자객들은 대원군을 호위하여 경인가도(京仁街道)를 지나서 남대문 근처의 조그마한 고개에 이르렀다.

거의 1시간 쯤 기다리고 있는데 호리구치가 돌아와서 보고했다.

"일본 수비대가 서대문으로 향하는 도로에서 기다리고 있으니 빨리 가마를 출발시켜야 합니다."

그러자 모두들 자갈길을 서둘러 갔다. 처음 계획은 대원군이 남대문을 통해서 경복궁으로 향할 예정이었다.[12]

당시 아침 시장은 남대문 안, 그 밖에 성 안팎의 몇 군데에서 열렸다. 그 중 번창하고 붐비는 점에서는 아무래도 남대문 안을 따를 곳이 없었다. 남대문 시장은 매일 오전 4시 전후부터 일출 전후까지 열리는 것이 예로부터의 관습이었다. 남대문 주변은 물건을 사고팔면서 외치는 소리, 우마차나 사람들이 왕래하는 혼잡함 등이 뒤섞여 시끄럽고 매우 분주했다.[3]

각종 물품 가운데 특히 눈에 띠는 것은 각종 놋그릇 더미를 산처럼 쌓아놓은 것인데, 불빛을 받아 번쩍번쩍 눈부시게 빛났다. 놋쇠로 만든 놋그릇 종류에는 촛대, 숟가락, 젓가락, 사발, 대야 등이 있었다.[4]

남대문으로 불리는 숭례문(崇禮文)은 "높이거나 존경해야한다"는 뜻이다. 숭례문의 글씨가 다른 문들과 달리 세로로 쓰인 것은 관악산의 불기운이 경복궁에 미치는 것을 막기 위해서였다.[5]

대원군이 공덕리에서 저항하며 시간이 지체되자, 남대문 시장의 혼잡, 서울 주민의 시선 집중 등이 예상되었다. 무엇보다도 남대문은 서대문으로부터 들어가는 것에 비해 거리가 훨씬 멀었다. 애초 남대문을 통해서 들어가기로 하는 계획은 서대문 방향으로 신속히 변경되었다.[6]

대원군의 가마가 서대문 밖에 도착했다. 하지만 일본 수비대는 서대문을 통하는 지름길에서 기다리고 있었기 때문에 서로 길이 엇갈렸다. 그래서 일본 수비대는 거의 1시간이나 지난 5시경 서대

문 밖에 도착할 수 있었다. 훈련대와 합류한 일본 수비대는 서둘러 전투준비를 갖추고 탄환을 장전했다.[7]

서울은 한쪽 끝에서 맞은 편 끝까지 가로지르는 매우 넓고 깨끗한 4개 정도의 큰 간선도로를 보유했다. 서울에서 가장 길고도 중요한 도로는 서대문에서 시작해서 직선으로 4킬로미터 이상 뻗어 동대문에 이르는 길이다. 이 도로는 서울을 거의 같은 크기로 남과 북의 두 부분으로 나누고 있었다. 폭 60미터가 넘는 이 도로를 따라 서울 시장의 주요한 생산품들인 도자기, 곡물, 종이, 짚신 등의 상점들이 자리 잡았다.[8]

일본 수비대 3중대가 광화문을 장악할 무렵인 5시경, 서대문 한성부청 앞에는 대원군이 가마를 탔고 일본 수비대 1중대와 훈련대 2대대가 합류하여 출발했다. 일본 수비대 1중대는 전방과 후방을 경계했고 훈련대 2대대는 대원군의 가마 주변을 호위했다.[9] 훈련대 2대대를 지휘한 인물은 우범선이었다. 우범선은 이미 7일 밤 야외 훈련을 핑계로 훈련 2대대 병사들에게 실탄을 분배하여 병영을 나섰다. 한성부청 앞에서 훈련대 교관 대위 이시모리(石森吉猶)와 타가마츠(高松鐵太郎)도 우범선과 함께 대원군을 기다렸다.[10]

새벽달은 빛을 잃어가고 먼동이 트는 것이 멀지 않았다. 별들도 흐려져 빛을 잃어가는 것이 보였고, 서늘한 기운이 가벼운 숨결처럼 땅에 퍼져서 잠에서 깨어난 버드나무 잎을 건드렸다.

강제로 끌려가는 대원군에게 '인간은 의지의 산물이다'라는 문구가 지금만큼은 소심하고 허황되게 울린다. 그에 반해 자연은 얼마나 많은 비밀을 간직하고 있는지 모른다! 대원군은 여기서 어디로 사라지고 싶은 마음이 굴뚝같았을 것이다.

결국 3시 공덕리 별장, 4시 남대문 성 밖, 5시 서대문 한성부청을 출발, 정동의 서쪽을 지나 경희궁 회상전(會祥殿)을 거쳐, 5시 30분 경복궁 광화문에 도착했다. 정변 참가자 모두는 한성부청에서 광화문까지 턱 끝에 숨이 차도록 달렸다.[11] 준비는 거의 끝난 셈이었다.

10장 미우라 공사의 정변 계획

미우라 고로(三浦梧樓, 1846~1926)

사실 전날 정변을 위장하기 위해서 미우라 공사는 10월 7일 저녁 7시 우치다 영사가 베푼 환영 만찬에 히오키(日置益) 서기관과 함께 참석했다. 선약이 있다고 거절한 스기무라는 공사관에 체류하며 사태를 주시했다. 밤늦게 구스노세는 서울에 도착했고, 12시경 마포에 도착한 오카모토는 새벽 1시경에 공덕리에 도착했다.[1]

　그렇다면 미우라 공사를 포함한 일본 공사관은 어떤 준비과정을 거쳤을까?

　주일 조선공사 이하영(李夏榮)은 1895년 9월 1일 부임한 미우라에 대해서 언급했다.

　"조선과 일본 양국 정부의 우의를 돈독히 했기 때문에 조선 정부가 미우라를 더욱 믿었다."[2]

　당시 주한 일본 공사로 부임한 2달 동안, 미우라는 자신의 외교적 영향력을 숨기면서 일본에 대한 왕실의 대비를 느슨하게 만들었다.

　미우라 고로(三浦梧樓, 1846~1926)는 '공상적 야심가' '기이한 사람' 등의 평가를 받았다.[3] 미우라는 1888년 11월 궁중고문관 겸 학습원장에 임명되었지만 12월 육군 중장에서 예비역으로 편입되었다. 한동안 관직에 진출하지 않았던 미우라는 1895년 7월 19일 이노우에의 후임으로 주한 일본 공사에 임명되었다.[4]

　미우라는 주한 일본 공사로 부임하기 직전 '조선 독립', '조선 병합', '일러 공동지배' 중 하나의 결정을 요청하는 의견서를 일본 정부에 제출했다. 그러나 일본 정부는 미우라 의견서에 대한 공식적인 훈령을 내리지 않았다. 일본 정부는 현지의 변화하는 상황에 따라 공사가 결정할 수 있는 권한을 부여했다. 이런 상태에서 조선에 부임한 미우라는 일본 정부가 자신의 '임기응변'에 따른 외교정책을 승인한 것으로 판단했다.[5]

미우라의 직감과 판단이 일본의 조선 정책 방향을 결정할 수 있는 상황이었다. 이런 경우는 1894년 일본 군대의 '경복궁 침입 사건' 직전에도 존재했다.

일본 외무대신 무쓰는 1894년 6월 주한 일본 공사 오토리(大鳥 圭介)에게 비슷한 지시를 내렸다.

"시국이 급박하여 본국 정부의 훈령을 받을 여유가 없게 되면 공사의 재량으로 임기처분(臨機處分) 할 것이다."[6]

미우라는 1895년 8월 23일 도쿄(東京)를 출발, 고베(神戶)와 시모노세키(下關)를 경유해서 8월 31일 인천에 도착했다. 9월 1일 서울에 도착한 미우라는 9월 3일 고종을 알현하고 국서(國書)를 전달했다.[7]

도착 직후 미우라는 조선에서 일본의 영향력을 발휘하기 어려운 상황에 부닥쳤다. 즉 일본 정부가 한국 정부에 약속한 300만원 기증금 제공을 신속히 이행할 수 없었다. 그래서 미우라는 자신의 어려움을 토로했다.

"모든 사무를 처리하기 곤란할 뿐만 아니라 일본의 신용도 땅에 떨어진 상황이다."[8]

미우라는 9월 내내 '목포와 진남포에 특별거류지 설정', '사이토 (齋藤修一郞)를 내부고문관으로 정식 초빙' 등 몇 건의 업무만 처리 했다.[9] 시간이 지날수록 미우라는 자신의 주한 일본 공사 임명이 조일 우호 또는 조선 독립과는 거리가 먼 것으로 파악했다.

육군 중장 출신 미우라는 9월 주한 일본 군대에 대한 지휘권을 획득하려고 노력하였다.

미우라는 1895년 9월 19일 위기상황의 경우 주한 병참사령관 에 대한 명령권을 대본영 상석참모(上席參謀) 육군 중장 가와카미 소로쿠(川上操六)에게 요청했다.

"위기일발의 경우 혹 대본영에 통지할 틈이 없게 되면, 우리 군 사를 움직이지 않으면 안 될 것입니다. 본인의 통지에 의해서 언제 라도 출병할 수 있도록, 미리 병참사령관에게 훈령을 내릴 수 있어 야 합니다."[10]

그 결과 육군 중장 가와카미는 9월 22일 조선 주둔 남부 병참 감에게 명령을 내렸다.

"만약 조선 내지에 적도가 다시 나타날 경우 귀관의 지휘 하에 있는 수비병을 파견할 때, 미우라 공사로부터 요청이 있다면 될 수 있는 한 협조하라."[11]

실제 미우라는 부분적으로 주한 일본 군대를 움직일 수 있는 권한을 획득했다.

주한 일본 공사 미우라, 대본영 상석참모 가와카미, 주한 일본 공사관 무관 구스노세(楠瀨幸彦)는 모두 일본 육군 출신이었다. 이들은 1880년대부터 서로 두터운 인연을 쌓아왔다. 1884년 5월 육군사관학교장 미우라와 근위보병 1연대 보병 대좌 가와카미는 유럽 시찰을 함께 수행하였다. 당시 프랑스 포공 학교에서 유학 중인 구스노세는 미우라와 가와카미를 포공 학교로 안내하였고 함께 독일 시찰까지 동행하였다. 가와카미는 1887년 1월 독일 참모본부의 연구를 위해 유럽을 방문할 때 구스노세 대위를 동반시켰다.[12]

미우라 공사는 10월 초 조선 왕실이 완전히 내각을 무시하고 궁중 정치를 실행한다고 파악했다. 각종 이권에 대한 왕실의 전횡에 대해서 일본 정부에 상세히 보고했다.[13] 이런 상황에서 일본 육군은 10월 초 전신선 보호를 구실로 서울, 부산, 원산에 주재시킬 보병 1개 대대를 파견하고, 헌병 장교 이하 250명을 부산과 경성 사이 및 인천과 의주 사이에 배치하라고 결정했다.[14]

조선의 정치적 변동을 살펴본 미우라 공사는 10월 초 주한 일본 서기관 스기무라와 밀담을 나눴다. 두 사람은 삼국간섭 이후 약화된 일본의 영향력을 회복시킬 방안을 집중적으로 논의했다.[15]

그 자리에서 미우라 공사는 자신의 위기 의식을 내비쳤다.

"이 상태로 그냥 놔두면 눈을 멀뚱히 뜨고서 조선을 러시아에 빼앗기게 될 것이다. 대원군의 탐욕과 변덕을 다스릴 방도는 나중에 강구하기로 하자. 지금은 그런 문제를 염려할 겨를도 없다."

스기무라는 짤막히 답변했다.

"대원군을 이용하는 방법 밖에 없습니다."[16]

일본 공사와 서기관의 합의를 바탕으로 정변은 신속하게 추진 되었다.

1895년 10월 3일 서울에서는 훈련대 2대대 군인 10명과 경무 청 소속 순사와의 충돌이 있었다.

미우라는 사태를 주시하며 충돌에 대해 설명했다.

"궁중에서 처음부터 훈련대를 해산시키기 위해 경무사와 협의 해서 조작한 헛소문이다."[17]

미우라 공사는 을미사변 직전 국내 정치세력 중 '러시아당'을 따로 구별했다.

"궁중에서 '러시아당'으로 불리는 이범진, 이윤용, 현흥택, 이학 균 등이 오로지 왕비의 뜻만을 받들었다."

미우라는 을미사변 직전 '러시아당'의 계획을 사이온지(西園寺) 외무대신에게 보고했다.

"러시아 공사와 몰래 협의해서 순사와의 충돌을 구실로 훈련대 를 해산시킨다. 총리대신 이하 10여 명을 죽여서, 민당(閔黨) 즉 친 (親)러시아 정부를 만들려고 한다."[18]

미우라 공사는 10월 초 '러시아당'의 훈련대 해산 및 내각관료 살해 계획을 보고하여 을미사변의 정당성을 부여했다.

당시 미우라 공사는 일본 자객들을 포함한 일본 공사관원 및 일본 수비대가 정변에 관계된 사실을 끝까지 은폐하려고 노력했다.

미우라 공사는 사건에 참여한 주요 인물을 영사관에 소집해서 다음과 같은 논리도 만들었다.

"이번 사건은 대원군파와 왕비파와의 싸움으로 일본인과는 관계없으며, 특히 일본 수비대는 왕성(王城) 내에서의 소요를 진정시키기 위하여 입성했다."[19]

이러한 논리를 바탕으로 미우라 공사는 을미사변 이후 각종 보고서와 전문을 보냈고, 히로시마 재판소에서도 일관되게 진술했다.

미우라 공사는 '궁중' '왕비'로 초점을 모으며 을미사변의 정당성을 주장했다.

"궁중 세력이 날로 강해져서 완전히 정부를 압도해서 관제를 무시했고 재정을 문란하게 했다."

"궁중 세력이 러시아에게 보호를 요청하는 친서를 보냈다."

"왕비는 항상 타국에 의존하려는 경향이 있었다."

미우라는 당시 정치 상황에 관해서 왕비를 비롯한 궁중 세력이 정국을 주도하면서 러시아의 보호를 추진했고, 총리대신 김홍집을 비롯한 내각이 왕실을 견제할 수 있는 능력을 상실했다고 판단했다.

미우라는 조선에서 일본의 영향력을 강화할 방법을 구상했다.

"왕비를 물리치고 대원군을 내세우는 동시에, 친일파인 김홍집 등으로 정부를 조직하게 만들면 영원히 일본을 귀찮게 하지 못할 것입니다."[20]

11장 일본 공사관의 긴박한 움직임

주한 일본 공사관

미우라의 지시를 받은 스기무라는 대원군에게 요구할 4개조의 약속 초안을 작성했고 1895년 10월 3일 오카모토를 만났다.[1] 갑오 개혁 이후 조선 군부 고문을 역임한 오카모토는 1894년 일본 군대 의 '경복궁 침입 사건' 당시 대원군을 경복궁으로 입궐시킨 장본인 이었다. 스기무라는 대원군을 정변의 전면에 앞세우기 위한 방안을 오카모토와 세부적으로 협의했다. 두 사람은 대원군을 중심으로 훈련대와 '장사패'를 연결시켜 그들을 배후에서 지휘한다는 방침을 세웠다.

정변의 목적은 일본 수비대가 훈련대를 지원하여 대원군의 경 복궁 입궐을 성사시킨 후, 명성황후를 살해하는 것이었다. 미우라 와 스기무라는 정변 날짜를 결정했고 스기무라가 세부적인 준비를 담당했다. 오카모토는 귀국을 가장하여 10월 6일 인천으로 출발한 다음, 전보를 받은 즉시 서울로 올라오기로 스기무라와 약속했다.[2]

스기무라는 10월 6일 조희연, 권형진, 이두황 등을 만나 정변에 대해서 구체적으로 논의했다. 그 자리에서 스기무라는 훈련대 2대 대장 우범선이 훈련대 해산을 계획하는 왕실에 불만을 갖고 있기 때문에 정변에 가담할 것이라고 전했다.[3]

이러한 사실은 스기무라를 포함한 조희연, 권형진, 우범선, 이 두황 등이 이미 정변 계획을 논의했고, 훈련대의 무력 지원 방안을 논의했다는 것을 알려준다.

그런데 10월 6일 소문이 서울에 나돌았다.

"훈련대가 불온한 행동을 할지 모른다."

"주한 일본 공사관 무관 구스노세가 훈련대를 이끌고 거사를 도모한다."

서울 민심은 더욱 흉흉해졌다.

실제 구스노세는 10월 6일 송파에서 서울로 돌아오는 도중이었다. 이러한 소문을 의식한 미우라 공사는 인천을 거쳐 10월 7일 서울로 들어오라고 구스노세에게 지시했다.[4]

군부대신 안경수는 10월 7일 오전 11시경 일본 공사관으로 찾아갔다. 안경수는 훈련대를 해산한다는 왕실의 명령을 미우라에게 전달했다.[5] 그리고 훈련대 2대대장 우범선도 일본 공사관으로 황급하게 달려왔다. 스기무라는 별실에서 우범선을 기다리도록 지시했다. 잠시 후 주한 일본 수비대장 소좌 마야하라도 공사관으로 찾아왔다. 이미 대원군의 강제 입궐 계획을 알고 있었던 마야하라는 훈련대를 배후에서 감시하고 있었다.[6]

긴박한 사태를 감지한 미우라 공사는 즉시 정변을 실행에 옮길 것을 지시했다.

"사태가 의외로 급박하니 한시라도 빨리 궁중보다 먼저 움직여야 한다."

일본 공사관은 10월 7일 오후 1시경 오카모토에게 전보를 치는 동시에 구스노세 중좌를 공사관으로 불렀다. 3회 이상의 전보가 도착된 이후 오카모토는 오후 4시경 회신했다.

미우라 공사는 오카모토의 전보가 도착하자 정변의 실행 지침과 명령을 내렸다.

"오카모토는 10월 8일 새벽 1시까지 마포에 도착한다. 통역관 스즈키 쥰켄(鈴木順見)과 검객 스즈키 시게모토(鈴木重元)는 마포에서 오카모토를 마중하여 공덕리로 출발한다. 주한 일본 영사관보 호리구치(堀口九萬一)는 경부(警部) 오기하라(荻原秀次郎)를 통해서 '입궐방략서'를 받아가지고 함께 용산에서 오카모토를 영접한다."

"일본 수비대장 마야하라(馬屋原務本)는 훈련대를 총지휘한다. 훈련대 2대대의 일부는 공덕리에 파견되어 대원군을 호위한다. 훈련대 2대대의 일부는 서울 성곽 안팎에서 기다렸다가 대원군을 호위한다. 훈련대 1대대는 경복궁 밖에서 대궐을 수비하는 척하다가 대원군이 도착하면 함께 입궐한다."

"통역관 아사야마(淺山賢藏)는 이주회를 포함한 대원군 세력을 이용하여 대원군 저택을 수비하는 순검을 제압한다."[7]

미우라와 스기무라는 초기 정변 계획 단계에서 일본 군대와 자객의 가담 흔적을 드러내지 않으려고 극도로 조심했다.[8]

하지만 막상 정변 날짜를 앞당기자 미우라 공사는 불안했다. 예정된 날짜보다 이틀이 앞당겨져 조선인만으로 정변을 성공시킬 수 있을지 회의적이었다. 남의 눈을 의식할 상황이 아니라 자신의 직감과 판단에 따라 움직일 순간이었다. 육군 중장 출신 미우라는 정변의 성공을 위해서 동원할 수 있는 모든 일본 군대와 자객들의 개입을 결정했다.

미우라 공사는 10월 7일 오후 늦게 지시했다.

"한성신보 사장 아다치(安達謙藏)와 주필 구니토모(國友重章)는 일본인 10여명 정도를 인솔하여 용산에서 오카모토를 만나 대원군이 경복궁에 입궐할 때 함께 협력하라."

스기무라는 일본 자객이 대원군을 수행할 때 주의할 세부지침을 아다치에게 전달했다.

"조선인 복장으로 위장하라. 경복궁으로 침입할 경우 외국인이 눈치채지 못하도록 날이 새기 전에 나와라."[9]

12장 일본 정부의 조직적 개입

무쓰 무네미쓰(陸奥宗光, 1844~1897)

일본 소설가 쯔노다(角田房子)는 을미사변 관련 일본 외무대신 무쓰의 의혹이 잘못된 것이라고 주장했다.[1] 하지만 쯔노다의 주장은 오히려 청일전쟁 이후 무쓰의 대외 활동에 관한 의혹을 증폭시킨다.

무쓰 무네미쓰(陸奧宗光, 1844~1897)는 메이지(明治) 전기 일본의 대외관계를 주도한 인물이었다. 1892년 제2차 이토(伊藤) 내각의 외무대신이 된 그는 1894년 영국과 조약 개정을 교섭해서 치외법권 철폐에 성공했다. 청일전쟁 이후 그는 이토와 함께 일본 전권대표로서 청국 이홍장(李鴻章)과 강화회담을 주도하고 시모노세키 조약(下關條約)을 맺음으로써 막대한 배상금과 영토를 할양받았다.[2]

외무대신 무쓰는 1894년 7월 23일 일본 군대의 '경복궁 침입 사건'을 지시하였다.

무쓰는 1894년 6월 주한 일본 공사 오토리(大鳥圭介)에게 훈령을 내렸다.

"시국이 급박하여 본국 정부의 훈령을 받을 여유가 없게 되면 공사의 재량으로 임기처분(臨機處分)하라."[3]

무쓰는 일본이 청국과의 중재에 실패하자 1894년 7월 12일 훈령을 보냈다.

"지금 시점에서는 단호한 조치를 취할 필요가 있다. 어떤 구실을 찾아서라도 실제적인 조치를 취하라."[4]

1894년 7월 23일 일본 군대의 '경복궁 침입 사건'은 1895년 10

월 8일 을미사변의 전개 과정과 매우 유사했다.

두 사건 모두 주재국의 급박한 상황에서 주한 일본 공사에게 판단의 재량이 주어졌다. 또한 주한 일본 공사가 정변에 개입할 명분을 찾으면서 적극적으로 정변을 주도하고 일본 군대를 동원했다. 그리고 두 사건 모두 일본 공사관의 서기관 스기무라가 정변을 위한 세부적인 계획을 작성했고, 일본 육군 대위 출신 오카모토가 대원군을 설득하여 입궐시키는 임무를 담당했다. 두 사건의 구상과 인물이 모두 외무대신 무쓰의 위기대응 시나리오에서 비롯되었다.

두 사건의 공통점 중에서 외무대신 무쓰, 외교관 스기무라, 육군 대위 오카모토의 관계가 긴밀했다.

청일전쟁 이후 무쓰는 오카모토의 조선 파견을 추진했고, 오카모토를 조선 군부 고문까지 추천해서 성사시켰다.

무쓰는 외교관 스기무라를 높이 평가했다.

"스기무라가 조선에서 근무하는 수년 동안 조선의 국정에 대한 소식통으로 평가받았다."

일본 정부를 포함한 외무대신 무쓰는 조선 상황에 관한 스기무라의 보고서를 신뢰했다.[5]

스기무라는 명성황후가 대원군을 경계한다는 사실을 파악하고 대원군 방문을 극도로 자제시켰다. 그래서 스기무라는 1894년 7월 오카모토를 대원군에게 직접 소개시켜 주었고, 오카모토는 자연스럽게 대원군과의 연락을 담당했다.[6] 정변을 추진할 수 있는 조직체

계를 기초한 인물이 바로 외무대신 무쓰였다.

무쓰는 1894년 일본 군대의 '경복궁 침입 사건' 이후 왕비의 상황을 그의 회고록인 『건건록(蹇蹇錄)』에 기록했다.

"왕비가 대원군을 속여서 '한 올의 실'처럼 불확실하게 생명을 연장할 수 있었다."7

무쓰의 '한 올의 실'이라는 표현은 예사롭지 않다. 무쓰는 이미 1894년 기술 시점부터 명성황후의 죽음을 암시했다.

무쓰는 원래 조선의 내정개혁 3기, 즉 을미사변 전후를 저술하려고 계획했다. 하지만 그는 실제 3기를 기술하지 못했고 그 이유를 다음과 같이 설명했다.

"외래의 사정으로 조선의 내정 개혁이 미완성이고, 앞으로의 정략(政畧)을 노출시킬 수 없다."8

무쓰가 저술할 수 없는 '정략'은 무엇일까?

일본 법부대신 요시카와(芳川顯正)는 1895년 6월 20일 무쓰 외무대신과 야마가타(山縣有朋) 전 육군대신에게 주한 일본 공사 이노우에를 만난 내용을 편지로 보냈다.

법부대신 요시카와는 기록했다.

"이노우에에게 미봉책을 과감히 포기하고 결행을 취하도록 이토 히로부미(伊藤博文) 수상을 설득해 달라."

"자신과 무쓰, 야마가타 3인의 합동 의견이라고 설명하자 이노우에도 동의했다."9

주한 일본 공사 미우라는 1896년 9월 말 서기관 스기무라에게
말했다.

"처음 도쿄를 출발(8월 23일)할 때 조만간 사변이 발생할 것을 예
측했다. 그럼에도 내년 1월이나 2월까지는 아무 일도 없을 것이라
고 생각했다. 그런데 어찌된 일인지 당장 눈앞에 닥쳐왔다."[10]

무쓰를 포함한 일본 고위 관료는 조선에서 '결행'과 '사변'을 계획
했다. 미우라 공사도 1895년 8월 일본을 출발하기 이전부터 정변
을 예측했다.

무쓰는 을미사변 직후 10월 9일 오후 7시 30분 전신으로 외무
성에 전보를 보냈다.

"이번의 사건에 부쳐 첫째 주의해야 할 것은 러시아 등 기타 각국
이 어떤 행동을 취할 것인가를 알아야 한다. 러시아 등의 움직임을
명확하게 알기 전까지 우리가 먼저 어떤 행동도 취하지 말아야 한다.
잠시 일어나는 모습을 보면서 어떤 책략을 펴는 것이 좋을지를 눈여
겨보도록 한다. 자세한 것은 나의 통역관이 전달할 것이다."[12]

무쓰 외무대신은 을미사변 직후 외교적 대응까지 고민했다.

러시아 우익신문 『노보예 브레먀(Новое Время)』는 1903년 12
월 21일(러시아력) '누가 명성황후를 죽였는가'라는 제목으로 보도했다.

"일본의 상류 특권층은 명성황후가 누구의 사주에 따라 살
해되었는가를 정확히 알고 있다."[13]

삼국간섭 이후 일본 정부에서는 강경한 조선 정책을 주문하는

목소리가 점점 커졌다. 그 강경한 조선 정책의 한 가운데 외무대신 무쓰가 있었다. 무쓰가 기술할 수 없는 그 '정략'은 일본의 조선 식민지화 정책이었다. 그 정책의 걸림돌은 당연히 제거 대상이었다. '결행'과 '사변'에서 제거해야 할 핵심인물은 바로 명성황후였다.[14] 당시 일본의 고위 관료 사이에서 명성황후의 살해 배후는 공공연한 비밀이었다. 그만큼 일본 정부는 을미사변에 조직적으로 깊숙이 개입했다.

새벽 4시

13장 이학균의 다급한 목소리

경복궁 계무문(癸武門) – 국사편찬위원회 소장

새벽 4시. 밖은 한밤중이었다. 차가운 대기는 고요했다. 멀리 어디선가, 아마 대궐 밖에서 가냘프고 높이 쉰 목소리로 개 짖는 소리가 들려올 뿐이다. 저 멀리 누르스름한 불빛이 비치고 있었다. 건청궁 주변에 세워진 전등불 때문이었다.

사바찐은 시위대 1대대장 이학균의 다급한 소리에 잠을 깼다.

미세한 떨림이 사바찐 머리끝에서 발끝까지 스쳐 지나갔다. 마치 뒤통수에 구멍이 뚫린 것처럼 그 구멍에서 작은 파편이 알몸을 타고 아래로 떨어진 것 같았다. 서늘함과 다급한 소리에 사바찐은 부르르 몸을 떨었다.

평상복을 입고 잠을 청했기 때문에 바로 일어날 수 있었다. 그는 옆방에 있던 다이와 함께 이학균에게 상황을 물어보았다.[1]

옆방에 누운 다이(W. M. Dye, 茶伊, 1831~1899)는 1888년 연무공원(鍊武公院)의 군사교관으로 조선에 초빙되었다. 다이는 1890년 병조참판으로 승진했다.[2] 다이는 미국 남북전쟁 참전용사로 이집트 파견 근무를 마친 예비역 대령이었다. 그는 자신의 마지막 근무지로 조선을 선택해 조선 군대를 양성하였다. 그는 고종의 전폭적인 신임을 받은 강직한 인물이었다.[3]

이학균은, 대략 200명의 훈련대가 4~5명의 일본 교관의 지휘에 따라 대궐 북동쪽 춘생문(春生門)을 둘러쌌고, 30명의 일본군복을 입은 사람을 포함하여 대략 50~60명의 일본인이 북서쪽 추성문(秋成門) 성벽에 숨었다고 알려주었다.[4]

이학균은 내무부 주사로 관직을 시작하였다. 이학균은 1888년 장교 양성을 위한 연무공원(鍊武公院)이 설치될 때 미국인 군사교관인 다이를 보좌하였다. 1895년 8월 시위대 1대대장으로 승진한 이학균은 궁내부의 핵심인물로 왕실에 대한 충성심이 강했다.[5]

다이 장군이 성벽을 살펴보기 위해서 사바찐과 이학균에게 함께 가자고 제안했다. 하지만 이학균은 이미 훈련대 연대장 홍계훈과 함께 춘생문을 살펴보았기 때문에 고종에게 긴급한 상황을 보고해야 한다며 다이와 헤어졌다.[6]

홍계훈(洪啓薰, 1842~1895)은 1882년 임오군란 당시 무예별감의 신분으로 명성황후를 대궐에서 피신시키는데 결정적인 역할을 했다. 왕실의 신임을 바탕으로 홍계훈은 1894년 동학농민운동이 일어나자 정부군의 대장인 양호초토사(兩湖招討使)에 임명되었고, 그후 농민군이 철수하자 서울로 돌아와 훈련대장에 임명되었다.[7]

이학균은 고종에게 더 정확한 정황을 보고하기 위해서 북쪽의 작은 암문(暗門) 계무문(癸武門)으로 향했다. 이학균은 망원경을 통해 북서쪽 성벽을 따라 움직이는 12명의 그림자를 확인하자 바로 고종이 거주하는 장안당(長安堂)으로 달려갔다.[8]

사바찐은 다이와 함께 대궐의 위병소로 향했다. 그곳에는 적어도 6~7명의 장교와 2명의 중령이 반드시 근무해야 했는데 아무도 보이지 않았다.[9]

새벽 4시 30분

14장 춘생문과 추성문

경복궁 추성문(秋成門) – 국사편찬위원회 소장

새벽 4시 30분 사바찐과 다이는 북서쪽 추성문에 도착했다. 이날은 달빛이 고루 비추어 그곳의 상황을 어렵지 않게 파악할 수 있었다. 사바찐은 추성문의 넓은 틈으로 대문 바로 앞에 최소한 50명 이상의 일본 병사들이 정렬해 있는 것을 볼 수 있었다. 그들은 부동자세를 취하면서 자기들끼리 조용히 얘기하고 있었다. 잠시 후 그들은 사바찐과 다이의 발소리와 목소리를 듣고 누군가 자신들을 엿보고 있다는 것을 알아챘다. 곧바로 일본 병사들은 2열로 정렬해 추성문 옆쪽 성벽에 바짝 붙었다.

사바찐과 다이는 더 이상 현장의 변동을 파악할 수 없게 되자 북동쪽 춘생문으로 향했다. 사바찐은 그곳에서 약 300명 정도의 훈련대 병사를 목격했다.[1] 조선인 중 한 명이 춘생문에 다가와서 대문을 열어달라고 외치는 소리를 들었다.[2] 사바찐은 춘생문을 둘러싼 병사가 훈련대의 주력 부대라고 판단했고 사태의 심각성을 인식하면서 서둘러 위병소로 향했다.[3]

다이와 사바찐은 대책 마련에 고심했지만 방어 조치를 마련하기에는 역부족이었다. 이날 시위대 2대대장 김진호는 당직 사령이었음에도 불구하고 당직실에 없었고, 대부분의 시위대 장교와 병사가 흩어져 버렸다. 그나마 일부 시위대 장교와 병사조차도 초조하고 불안한 상태였기 때문에 지휘관의 명령에 주의를 기울이지 않았다.[4]

새벽 5시가 가까워지자 경복궁의 춘생문, 광화문과 추성문 등에서 심상치 않는 조짐이 보였다. 일본 수비대, 훈련대, 일본 자객들이 경복궁을 침입할 만반의 준비를 갖추었기 때문이다. 이미 새벽 4시경 대포를 동반한 훈련대 중 일부가 궁궐의 북동쪽 춘생문을 둘러쌌다. 또한 훈련대와 일본 수비대 중 일부는 광화문 앞에서 정렬했다.[5]

동녘 하늘에 떠오른 달도 이제는 점차 빛을 잃기 시작했다. 점점 어두워지면서 불그스름하던 달빛이 자취를 감추기 시작했다. 경복궁에 쳐들어갈 시간이 다가왔다. 침입자들의 얼굴에는 맹목적인 순종과 분노의 광기가 어려 있었다. 그 광기의 희생양은 명성황후였다. 점점 달빛은 뿌연 띠로 변하더니 원경 속에 파묻혔다. 이날 새벽하늘은 침입자들이 자기 영혼을 어떻게 파는지 지켜본 목격자였다.

당시 사변에는 일본 수비대(후비보병 제18대) 1대대 3중대 대략 600명, 훈련대 2대대 대략 800명과 일본 자객들이 2개 조로 구성되어 참여했다.

경복궁 정문에는 주한 일본 공사관 무관 구스노세 중좌의 지휘 아래 훈련대 교관 코이토(鯉登行文) 대위와 3중대장 마키(馬來政輔) 대위가 광화문에 배치되었다. 여기에 일본 교관에게 교육받은 훈련대 2대대는 우범선의 지휘 아래 대기했고, 훈련대 교관 이시모리(石森吉猶) 대위와 타가마츠(高松鐵太郞) 대위는 훈련대 2대대를 감시했다. 일본 수비대 1중대장 후지도(藤戸與三)는 대원군을 호위했다.

구스노세 유키히코(楠瀬幸彦, 1858~1927)는 프랑스 유학과 러시아 근무 등의 화려한 경력을 소유했다. 그는 '동아 민족의 지도자' 일본을 구상했는데, 1894년 11월 주한 일본 공사관 무관으로 임명되었다. 구스노세는 1895년 2월 조선 군부고문을 겸임하며 '훈련대 설치 계획안'을 작성하였다. 그는 일본 교관에 의한 훈련대 양성을 총괄 지휘했다.[6]

경복궁 후문에는 서울 주둔 일본 수비대 대대장 마야하라 쓰토모토(馬屋原務本) 소좌의 지휘 아래 2중대장 무라이(村井右宗) 대위가 추성문에 포진해 있었다.[7] 훈련대 1대대는 이두황 대신, 중대장 이범래의 지휘 하에 춘생문에 대기했다.

1849년에 태어난 마야하라 쓰토모토는 1894년 10월 후비보병(後備步兵) 제18대 대대장으로 서울 주재 일본 공사관과 영사관, 일본 거류민 보호를 맡고 있었다.[8] 마야하라는 1895년 1월 일본 교관에 의한 훈련대 양성을 위한 창립에 개입하였다. 서울 주둔 일본 수비대 사관은 훈련대 장교의 교육에 직접 참가하였다.[9]

서울에 거류하는 일본 자객들은 2개 조로 조직되었다.

1조의 대장은 한성신보 사장 아다치(安達謙藏), 부장은 현양사 소속 사사(佐佐正之), 객장은 자유당(천우협) 소속 타나카(田中賢道)였다. 이들은 저녁에 한성신보사에 집합하여 공덕리로 출발해서 대원군을 호위하면서 광화문에 돌입했다.

2조는 천우협 소속 시바 시로오(柴四朗)의 '파성관(巴城館)'에 집합하고, 대장은 한성신보 주필 구니토모(國友重章)[10], 부장은 일본신문 특파원 야마다(山田列聖)였다. 이들은 춘생문으로 직행하여 건청궁에 침입했다.[11]

아다치 겐조(安達謙藏, 1864~1948)는 삿사 도모후사(佐佐友房)의 뒤를 이어 국권 확장을 주장하는 구마모토 국권당(態本國權黨)의 영수가 된 인물이었다. 아다치는 1894년 삿사의 지시를 받고 조선으로 건너와 부산에서 '조선시보'를 발행하였다. 그는 갑오개혁 이후 서울로 올라와 한성신보 발행인이 되었다.

아다치는 삼국간섭 이후 조선에서 약화된 일본의 영향력에 분노했다.

"조선 놈들이 머리를 불쑥 쳐들고 와서 일본을 경멸하였다."[12]

당시 한성신보사의 위치는 남산 기슭의 약간 높은 장소였다. 신문사의 문은 커다란 누각문으로 만들었고, 건물은 조선 상류층의 고급 주택처럼 보였다. 건물은 700~800평이 넘었고, 수십 개의 방으로 구성되었다. 내부에는 복도와 정원이 있었다. 여기에 근무하는 수십 명의 사람들은 모두 이 건물 안에 거주했다.[13]

사실 한성신보사는 일본 외무성의 기밀비로 운영되던 첩보기관이었다.

아다치 한성신보 사장은 그의 자서전에 기록했다.

"신문 경영에 관한 매달의 보조금은 물론 창업비 등도 전부 공사관에서 부담하기로 했다. 나와 일본 공사관 사이에는 통역관 고쿠부가 만사 알선에 힘쓰기로 했다."[14]

고쿠부 쇼타로(國分象太郞, 1861~1921)는 정치적 감각이 빠른 인물이었다. 고쿠부는 1895년 주한 일본 공사관 2등 통역관에 임명되었다. 주한 일본 공사관은 1894년 김옥균이 상해에서 암살될 무렵 고쿠부를 조선의 독판과 대신에게 자주 파견시켰다.

고쿠부는 유창한 한국어 실력으로 조선에서 다양한 인맥을 형성했다.

"고쿠부는 조선의 사정에 정통하고 조선 인물과 교류가 많은 사람이었기 때문에, 시시각각 변하는 왕실의 소식을 짐작할 수 있었다."[15]

조희연과 우범선은 훈련대의 동원을 위해서 적극적으로 협조했다. 전 군부대신 조희연은 훈련대 1대대의 장교들을 설득하여 정변에 참여할 것을 유도했다. 조희연은 훈련대 1대대 병력의 일부를 이범래의 지휘 아래 춘생문에 대기시키고, 나머지 일부를 건춘문을 비롯한 경복궁 주변을 경계하도록 지시했다.[16]

조희연(趙羲淵, 1856~1915)은 1894년 8월 장위사(壯衛使) 겸 군부대신에 임명되었다. 1894년 청일전쟁 당시 일본군이 조선 정부에 출병을 요청하자 조희연은 우범선, 이두황(李斗璜), 이범래(李範來) 등의 선발대 파견을 주도했다.[17]

1894년 7월 조희연은 청일 양국이 조선을 둘러싸고 대립하자 조선 관료의 동향을 주한 일본외교관에게 전달하였다.

"내심으로 일본을 따르는 자는 큰 수확을 얻었다고 기뻐하고,

청나라에 마음이 통하는 자는 앞일이 어찌될지 몰라 슬퍼한다."[18]

조희연은 을미사변 당일 미우라 공사에게 일본 군대의 경복궁 파견을 요청하는 임무를 수행하였다.[19]

훈련대 2대대를 지휘한 우범선은 대원군을 호위해서 광화문을 통해 대궐에 들어왔다.[20] 우범선(禹範善, 1857~1903)은 1894년 8월 장위영영관(壯衛營領官)으로서 군국기무처 의원에 임명되었다.[21]

우범선은 1895년 9월 27일 일본 수비대 소위 미야모토(宮本)와 함께 용산에서 훈련대 2대대를 지휘하며 군사훈련을 실시했다. 당시 훈련을 마친 우범선은 자신의 불우한 처지를 미야모토에게 토로했다.

"훈련대는 열흘이 못되어서 해산될 것 같고, 훈련대 장교도 모두 엄벌에 처하게 될 것이므로 서둘러 도망칠 생각이다."

다음날 28일 우범선은 훈련대 교관 이시모리를 면담한 후 10월 3일 소좌 마야하라와 대위 이시모리와 함께 미우라 공사를 방문하여 을미사변에 주도적으로 가담했다.[22]

그런데 정작 훈련대 소속 병사는 정변의 정확한 내용을 알지 못했다. 대부분의 훈련대 병사는 대대장 우범선과 이두황의 야간훈련 명령으로 8일 새벽 대궐 밖으로 유도되었고, 경복궁에 도착한 후 대궐을 호위하는 것으로 이해했다.[23] 훈련대의 대부분은 일본 군대의 유도에 따라 경복궁에 진입했고, 어쩔 수 없이 정변에 가담했다.[24]

그렇지만 훈련대 장교 및 일본 사관학교 출신은 처음부터 정변에 깊숙이 개입했다.

15장 한 발의 총성

경복궁 춘생문(春生門) 터

새벽 5시. 밤의 적막 속에 추성문에서 한 발의 총성이 울렸다.

새벽 5시 첫 번째 총성이 울리자 추성문의 위병도 총과 탄환을 버리고 도망쳤다. 당시 대궐에는 대략 800명의 병력과 50명의 장교가 대궐을 호위했다. 그런데 사바찐은 대략 300명의 병사와 8명의 장교만 목격했다.[1]

잠시 후 일본 수비대 2중대는 사다리를 세워 추성문 옆 성벽을 넘었고, 훈련대 1대대는 춘생문과 춘화문을 넘었다. 일본 수비대 2중대와 훈련대 1대대는 계무문(癸武門)으로 향했고, 경복궁의 북쪽을 장악했다.[2] 벽을 타고 넘어온 일본 군인이 추성문을 열어주는 동안 다이 장군은 대궐 수비를 위해서 계무문 안쪽에 남아 있는 시위대 병력을 집결시켰다.[3]

일본 수비대장 마야하라는 추성문을 공격하기 직전 정변의 의미를 부여하고 사기를 진작시키기 위해서 부하들에게 큰 소리로 연설했다.

"일본 정부는 조선 정치를 깨우치기 위하여 청국과 싸우면서 조선의 독립을 확고히 하고 동양의 대국(大局)을 보전하려고 노력했다."

"지금 왕비가 조선 정부의 권리를 전단하여 조선이 망하게 되니 일본도 보전하기 어렵게 되었다. 일본이 보전할 수 없으면 청국 역시 존립하기 어렵고, 청국이 사라지면 동양의 대세도 무너진다."

"왕비가 조선 5백년 종사의 죄인이며, 조선의 죄인일 뿐만 아니라 일본제국의 죄인이다. 정녕 동양의 죄인이다."[4]

마야하라는 청일전쟁의 정당성을 설파했다. 마야하라는 조선, 일본과 중국의 상호관계를 설명하면서 왕비의 잘못으로 동양의 대세가 흔들렸다고 주장했다. 마야하라는 정변에 참여한 군인과 자객에게 왕비에 대한 증오심을 끌어올렸다. 사변에 동원된 일본인은 마음속 깊이 외쳤을 것이다.

'저주받을 조선인! 저주받을 왕비! 저주받을 인생들!'

새벽 5시 총성과 함께 광화문도 열렸다.

일본 수비대 3중대 5~6명의 병사들이 사다리를 타고 광화문 왼쪽 성벽을 넘었다. 성벽 위에 올라간 일본 병사들은 긴 밧줄을 성벽 안쪽에 던지고 내려와서 광화문 안쪽으로 진격했다. 광화문을 수비하던 시위대 위병은 저항했지만 일본 수비대의 위협에 눌려 도피했다. 총성과 위협으로 시위대 위병을 쫓아버린 일본 병사들은 광화문을 활짝 열었다. 일본 수비대 3중대는 광화문을 통해서 경복궁에 진입함과 동시에 광화문 주변까지 장악했다.[5]

이처럼 일본 수비대의 경복궁 진입이 수월한 이유는 1894년 7월 23일 일본 군대의 '경복궁 침입 사건'의 경험 때문이었다.

1894년 7월 23일, 그 날의 상황은 이랬다.

일본군은 23일 새벽 용산에 있던 1천 명의 병력을 경복궁으로 진군시켰다. 일본은 '그쪽에서 먼저 발포'해서 이에 맞서 싸워, 일본 군대가 조선 군대를 물리치고 성문을 열고 진입하였다고 주장하였다.[6]

서대문 밖 아현에 주둔한 일본군 보병 21연대 제2대대는 소좌 야마구치 케이조(山口圭藏)의 지휘 아래 23일 새벽 3시 30분 행동을 개시했다. 2대대는 서대문을 거쳐서 경복궁 서쪽 영추문으로 향했다. 일본군은 영추문에 도착하여 공병소대로 하여금 다이너마이트로 대문을 폭파시키려고 시도하였다. 하지만 견고한 대문 때문에 다이너마이트 폭파는 실패하였다. 다급해진 일본 군대는 도끼로 대문을 부수려고 했지만 또다시 실패하였다. 결국 일본 군대는 긴 장대를 벽 꼭대기에 걸치고 벽을 넘을 수 있었다. 새벽 5시경 안과 밖에서 톱으로 빗장을 절단하고, 도끼로 대문을 부수어 겨우 영추문을 열 수 있었다.[7]

영추문 진입 후 제2대대 7중대는 함성을 지르며 곧바로 광화문으로 나아가 조선 병사들을 쫓아내고 광화문을 열었다. 그 다음 동쪽 건춘문으로 나아가 안에서 문을 열었다. 건춘문을 통해 들어온 제2대대 6중대는 북쪽 춘생문, 신무문 등으로 진격했다.

춘생문으로 향하던 6중대가 대궐 북부 외곽에 이르자 북쪽 소나무 속에서 조선군이 사격을 개시하였다. 북쪽에서 격렬한 총성이 벌어지자 5중대도 즉시 건춘문에서 성벽 안쪽을 따라 북진하였다. 5중대가 지원하자 처음에 6중대에 맞서 저항하던 조선군은 북쪽 대궐 성벽을 넘어 북악산 방향으로 도피하였다. 오전 7시 반경 양쪽의 총격이 멈추었다.

전투가 시작되자 고종과 명성황후는 경복궁 옹화문(雍和門) 안

함화당(咸和堂)에 있었다. 이때 외무독판 조병직(趙秉稷)은 오토리 공사와의 대화를 요청하여 옹화문 안에서 회담을 진행하였다. 그런데 대대장 야마구치는 옹화문 안의 조선 병사들의 무장을 해제시키고 오전 9시경 옹화문 주위에 일본 초병을 배치하여 경계시켰다.[8]

어쩔 수 없이 고종은 1894년 함화당에서 총리, 궁내부와 각아문 대신을 접견하고 갑오개혁을 발표하였다. 일본은 1894년 7월 23일 경복궁을 강제 점령함으로써 조선의 정국을 전환시켰다. 일본은 조선 정부를 붕괴시키고 청일전쟁에 협조할 수 있는 친일 정권을 탄생시켰다.

일본 군대는 1894년 7월 23일 경복궁 진입이 어려웠던 경험 때문에 사다리 등을 미리 준비하여 1895년 10월 8일 경복궁을 순조롭게 진입할 수 있었다.

새벽 5시 15분
16장 무청문의 총격전

경복궁 옥호루(玉壺樓) – 국사편찬위원회 소장

새벽 5시 15분.

사바찐은 을미사변 당일 현장에서 매 시간마다 사건의 추이를 확인했고, 새벽 5시가 넘어서는 15분 단위로 상황을 파악했다.[1] 사바찐의 심장은 주머니 시계처럼 빠르게 뛰었다. 마치 바로 베개와 귀 사이에서 뛰고 있는 것처럼 느껴졌다.

일본인, 일본군과 훈련대는 계무문을 통과하여 무청문(武淸門)에 도달했다. 무청문에서 고종이 거주하는 장안당으로 들어가는 필성문(弼成門)까지 대략 50미터(80걸음, 29間) 정도였다. 다이의 지휘하에 필성문 주변에 대략 300명의 시위대 병력이 정렬했다. 침입자들이 무청문의 1~2인치 너비의 5~6개 틈을 이용해 시위대의 머리 위쪽으로 한번에 30~40발을 세 차례 발사했다. 6미터 높이 이상의 허공에 위협사격을 받았지만 시위대 병사 중 한 명은 어깨에 부상을 당했다. 위협사격이 시작되자 사바찐은 필성문 안쪽에 몸을 숨겼고, 다이는 서양인 숙소로 향하는 쪽문에 피신했다.[2]

첫 번째 사격이 시작되자 시위대는 총을 쏘지 않고 약실에서 탄환을 꺼내면서 방전시켰다. 시위대는 총과 탄환을 버리고 군복을 벗어 던지며 도망치기 시작했다. 시위대는 두 방향으로 나뉘어 도망쳤다. 그 중 한 무리는 다이 장군을 떠밀면서 서양인 숙소의 쪽문으로 향했다. 침입자들은 그들을 추격하지 않았다. 다른 한 무리는 사바찐이 숨었던 필성문으로 몰려갔다.[3]

사바찐은 관료, 시위대병사, 시종 등 대략 300명 정도의 인원에 이끌려 왕비의 침소로 통하는 문까지 밀려났다.[4] 사바찐은 장안당을 돌아 자신이 직접 설계한 관문각(觀文閣)[5]을 지나 왕비의 침소인 정시합(正始閣)의 정면에 있는 담장으로 향했다. 사바찐은 복수당(福綏堂) 서행각(西行閣) 담장에 붙어있는 출입문(一角門)에 자신을 은폐했다.[6] 하지만 침입자들이 여기까지 몰려오자 사바찐은 왕비의 침소와 연결되는 문을 포기하고 뒤로 밀려나면서 녹원(鹿苑)으로 향하는 청휘문(淸輝門) 옆 곤녕합 동행각(東行閣)[7]의 문 아래 판자를 붙잡았다.

대부분의 조선인들은 사바찐을 지나쳐 청휘문을 통해 녹원으로 도망쳤지만 사바찐은 곤녕합 동행각에 서서 현장을 목격할 수 있었다. 곤녕합을 장악한 40명의 훈련대, 1명의 일본장교를 포함한 5명의 일본군, 도검으로 무장한 20~25명의 일본 자객 등은 곤녕합에 정렬했다. 이와 동시에 일본군은 청휘문과 정시합 정면에 있는 출입문에 2명씩 배치되었다. 1소대 40명의 훈련대는 곤녕합 마당에서 총을 비스듬히 내려놓고 정렬했다. 일본 자객들 중 4~5명은 칼을 뽑았고, 긴 칼을 차고 단검을 빼든 일본인이 현장을 지휘했다. 사바찐은 현장을 지휘한 일본인이 매우 고상한 외모에 양복을 단정히 차려입었다고 기록했다.[8]

그런데 사바찐은 자신의 증언과 보고서에서 현장을 지휘한 일본인의 이름을 끝까지 밝히지 않았다. 일본인의 이름이 은폐되자 주한 러시아 공사 베베르(К.И. Вебер)와 즈프(芝罘) 주재 러시아 부영사 찜첸꼬(А.Н. Тимченко-Островерхов)도 사바찐의 증언에 대해서 불만을 표시했다.

고종은 현장에서 전 조선 군부고문 오카모토(岡本柳之助), 오카모토의 개인적인 통역관 스즈키(鈴木順見), 영사관 경부(警部) 소속 순사 와타나베(渡邊鷹次郎)를 목격했다고 증언했다.[9]

주한 일본 총영사 우치다(內田定槌)는 본국에 보낸 을미사변 보고서에서 오카모토, 한성신보사 주필 구니토모(國友重章), 한성신보사 기자 사사키(佐佐正之), 쓰키나리(月成光) 등이 중심이 되어서 일본 자객들을 지휘했다고 밝혔다.[10]

미우라 공사는 오카모토가 일본 자객들을 지휘해서 명성황후 살해를 조장했다고 히로시마 재판소에서 증언했다.[11]

그날 새벽 3시 오카모토는 대원군과 함께 공덕리를 출발했다. 그런데 오카모토는 일본 자객들 중 가장 먼저 건청궁에 도착한 인물이었다. 오카모토는 대원군을 설득한 이후 새벽 3시경 일본 자객들을 지휘하기 위해서 추성문으로 출발했다. 새벽 4시 30분경 추성문에 먼저 도착한 오카모토는 5시 자객들을 총 지휘해서 건청궁으로 침입했다.[12]

오카모토의 지휘 아래 20~25명의 일본 자객들은 곤녕합 마루를 넘어 옥호루(玉壺樓), 사시향루(四時香樓), 그리고 정시합의 방을 샅샅이 뒤지면서 명성황후를 찾았다. 이 과정에서 그들은 궁녀들의 머리채를 잡고 밖으로 질질 끌어내며 왕비의 소재를 추궁했다.[13]

일본 자객들은 두 자루의 길고 짧은 도검으로 무장했다. 도검 중 긴 것인 가타나(刀)는 90센티미터 정도였고, 짧은 것인 와키자시(脇差)는 59센티미터 정도였다. 일부 자객은 궁녀들이 왕비의 소재를 대답하지 않자 약 180센티미터의 높이인 옥호루의 창문 너머로 10~12명의 궁녀들을 던졌다.[14] 바닥으로 떨어진 궁녀는 아무런 움직임을 보이지 않았다. 사바찐은 약 10미터(20~25 걸음) 정도 떨어져 있었기 때문에 옥호루 바닥에 떨어진 궁녀들의 표정을 살펴볼 수 없었다.[15]

사바찐은 순간적으로 생명의 위협을 느꼈고, 일본 장교의 보호를 받는 것이 최선이라고 판단했다. 용기를 내서 곧바로 일본 장교에게 다가가 영어로 말을 걸었다. 그 장교가 영어를 이해하지 못하자 사바찐은 조금 알고 있는 일본어로 다시 말을 걸었다.[16]

현장에서 만난 그 일본 장교는 미야모토 다케타로 소위였다. 미야모토는 훈련대의 일본 교관으로 훈련대 2대대장 우범선과 긴밀한 관계였다.[17] 미야모토는 1895년 서울 주둔 일본 수비대로 파견되어 훈련대 교관을 수행하였다. 미야모토 소위는 1895년 10월 7일 오전 일본 수비대의 임시 비밀회의 당시 우범선을 데려온 인물이었다.[18]

그런데 미야모토는 모르는 척하면서 다른 곳으로 이동했다. 사바찐은 옆에 있던 일본 군인에게도 접근했지만 자신의 적극적인 행동에 대해서 애써 무시하는 태도를 느꼈다. 다급해진 사바찐은 지휘자인 오카모토에게 접근하기로 했다.[19] 사바찐은 오카모토에게 영어로 아침 인사를 하면서 다가갔다. 그러자 오카모토는 냉정한 어투로 사바찐에게 질문했다.

"당신의 이름과 직업은?"

"사바찐이고, 건축사입니다."[20]

사바찐은 상대방의 표정을 살피면서 먼저 자신의 입장을 설명할 필요성을 느꼈다. 자신의 의지와 상관없이 곤녕합까지 왔기 때문에 자신을 보호해 줄 것을 요청했다. 사바찐은 최대한 진지한 표정으로 상대방의 시선을 끌려고 노력했다.

잠시 후 오카모토는 사바찐에게 명령했다.

"당신은 보호되었소. 여기에 서서 움직이지 마시요!"[21]

그런데 오카모토가 외국인에게 사건 현장을 목격하도록 방치했다는 것은 무슨 의미일까? 안도감을 찾은 사바찐은 오카모토에게 1~2명의 군인으로 하여금 자신을 보호해 줄 것을 요청했다. 오카모토는 곤녕합 마당[22]에 있던 일본어를 구사하는 두 명의 훈련대 병사를 불러 사바찐의 옆에 있도록 명령했다. 이런 상태로 사바찐은 곤녕합 마당 구석에서 현장을 목격했다.[23]

새벽 5시 30분
17장 광화문과 근정전

광화문

5시 30분경 대원군을 비롯한 일본 수비대 1중대, 훈련대 2대대, 일본 자객 1조, 일본 사관학교 출신 등은 광화문 앞에 도착했다.

대원군의 가마가 경복궁 정면에 도착하자 광화문이 열렸다. 30분 이후 먼동이 트기 시작했지만, 아직 사람의 얼굴을 제대로 구별할 수 없는 상황이었다.[1] 대원군은 이미 일본 군대가 접수한 광화문을 일본 수비대, 훈련대, 그리고 일본 자객 30여 명의 호위를 받으면서 들어갔다. 광화문에 들어설 때 병사들은 총검을 꽂고 일본 자객들은 칼을 빼들었다. 동시에 정변에 참여한 모두가 '와아'하고 일제히 함성을 지르면서 돌진했다. 새벽녘 살기가 경복궁을 온통 에워쌌다.[2]

5시 40분. 광화문을 지난 침입자들은 근정전 앞에서 2진으로 나뉘었다. 1진의 일본 수비대와 훈련대는 본대를 형성해서 광화문에서 신무문으로 향하는 대로로 진격했다. 2진의 일본 자객들 및 대원군을 호위하는 1소대의 일본 군대는 근정전의 오른쪽에 있는 향원정을 향해 달려갔다. 신무문으로 가는 대로에서 5시 40~45분까지 100여발의 총성이 울렸다.[3]

이미 새벽 3시경 훈련대 연대장 부령 홍계훈은 일본 군대와 훈련대가 궁궐에 접근했다는 보고를 받았다.

홍계훈은 신속히 궁궐의 북동쪽 춘생문으로 달려가 훈련대에게 해산을 명령했다.

훈련대는 답변했다.

"당신은 더 이상 지휘관이 아니며 여기서 명령을 내릴 수 있는 사람은 오로지 일본 교관 한 명뿐이다."

위기를 느낀 홍계훈은 이학균에게 광화문의 상황을 점검할 것을 지시했다. 곧이어 홍계훈은 궁궐수비대인 시위대의 보고를 통해서 대궐 북서쪽 추성문에 일본 병사들과 자객들이 잠입했다는 사실도 파악했다.[4]

사태가 심각해지자 홍계훈은 근정전에서 건청궁으로 향하는 대로에 병력을 배치하고 기다렸다. 5시 40분경 1진인 일본 공사관 무관 구스노세(楠瀨幸彦)는 일본 수비대와 훈련대를 총지휘하며 진격했다. 그 과정에서 홍계훈이 지휘하는 시위대의 저항을 받았다.

"내가 아닌 다른 어느 누구의 명령에도 따르지 말라."

홍계훈은 훈련대 병사들에게 명령했다. 그러자 서로 총격전이 벌어졌다.

새벽 어스름이 걷히는 속에서 시위대는 일본 수비대가 훈련대에 가담한 것을 확인했다. 시위대는 일본 수비대의 가세로 수적으로 열세인 상황을 깨닫고 점차 사기가 떨어져갔다. 일본 수비대와 훈련대도 갑자기 전투가 벌어지자 점차 소극적인 자세가 되었다.

시간을 끌면 끌수록 불리하다고 판단한 구스노세는 소극적인 병사들의 행동을 꾸짖었다. 구스노세는 자신이 직접 검을 빼들고 칼을 휘두르며 상대편으로 과감하게 뛰어들었다. 이 과정에서 구스노세는 홍계훈과 대적했다. 칼날이 불꽃을 튀기는 상황에서 구스노세는 홍계훈의 어깨에 칼을 내려쳐 상처를 입혔다. 그러자 훈련대 2대대 지휘관 우범선은 쓰러져 있는 홍계훈에게 여러 발의 총격을 가했다.[5]

쓰러진 홍계훈은 몹시 고통스러웠을 것이다.

'지금 이 세상을 떠나면, 세월이 흘러, 우리 얼굴, 목소리도, 우리가 몇 명이었는지도 잊혀 질 테지만, 우리 고통은 우리 뒤에 살아남을 후세의 사람들에게는 기쁨으로 변해야 할 텐데……내 인생은 아직 끝나지 않았어. 살아야 하는데…….'

홍계훈이 무너지자 궁궐수비 시위대는 총검을 버리고 제복을 벗으면서 달아났다.[6] 나중에 홍계훈은 그의 집으로 옮겨졌다. 유럽인 의사가 홍계훈의 집에 도착했지만 이미 그는 피를 너무 많이 흘려 사망했다.[7]

2진인 자객들은 광화문에 들어서서 30~40미터(30間)를 달리며 두 번째의 작은 문을 통과했다. 그 무렵 광화문 근처에서 총성이 울렸다. 그들은 광화문 부근의 전투에 개의치 않고 대궐의 후방을 향해 돌진했는데 그 순간 앞쪽에서도 총성이 울렸다.[8]

일본 자객들은 근정전 근처에 대원군의 가마를 멈추게 하고 전방에 진로가 열리는 것을 기다렸다. 잠시 후 그들은 1소대의 일본 병사에게 가마를 지키게 하고 목적지를 향해서 돌진했다. 일본 자객은 왼쪽으로 꺾고 오른 쪽으로 돌아 후궁을 향해서 치달아 향원정 근처에 도달했다. 5시 50분경 소나무가 우거진 조그마한 등성이

로 진출하여 건청궁의 외곽에 도착했다.[9]

건청궁은 사방이 거의 2킬로미터(5리)쯤 되는 경복궁의 맨 뒤 끝에 있다. 경복궁 광화문에서 건청궁까지 가려면 정문인 광화문에서 호수인 향원정까지 4~5군데 대문을 거쳐야 했다. 각 대문에는 원래 2명의 궁궐 수비대가 지키고 있어야 했다.

당시 건청궁은 왕이 사용하는 장안당과 왕비가 머무는 곤녕합, 그리고 장안당 뒤에 서재로 관문각을 지어서 마치 사대부가의 사랑채, 안채, 서재로 구성되었다. 건청궁 정문을 지나 초양문에 들어서면 고종의 집무실인 장안당이 있었다. 함광문을 들어서면 왕비가 거주하는 곤녕합과 정시합이 있었다.[10]

1895년 8월 건청궁에서 고종을 접견한 뮈텔은 장안당을 묘사했다.

"알현실은 대단히 넓으며 계단이 있는 남쪽으로 향해 있었고, 북쪽으로는 접견실로 보이는 다른 방들과 종이 칸막이로 나누어져 있었다."[11]

장안당은 27칸, 측면 3칸, 7량(집)의 건물로 북서쪽에는 정화당이라는 침방이 있고, 남쪽에는 5칸의 추수부용루가 있었다. 장안당의 동쪽은 복도를 통해 남북 방향의 곤녕합의 서행각과 장안당의 동행각과 연결되었다. 장안당의 건물 면적은 50평 남짓 이었다.

"방(房)은 구들을 들인 온돌방이다. 청(廳)은 넓은 우물마루이며 필요하면 언제든지 떼어내어 방 전체를 하나의 넓이로 사용할 수 있도록 하였다. 방 다음 툇간은 누(樓)인데, 여름에 시원하게 지낼 수 있도록 꾸며진 침실이었다."[12]

자객들이 침입한 그때 왕비는 건청궁의 맨 동쪽 끝에 있는 미닫이를 동남의 양쪽으로 달아놓은 옥호루 주변에 있었다. 서쪽에도 많은 방이 있는데, 국왕은 왕비의 옆방인 곤녕합에 머물렀다.[13]

곤녕합의 곤령은 '땅이 편안하다'라는 뜻으로 왕비의 덕성을 표현한 말이었다. 곤녕합의 건물의 규모는 전면 5칸, 측면 1칸으로 구성되었는데, 측면은 누(樓)에 해당되는 부분에 잇대어 정면과 측면 각 2칸의 방이 북쪽으로 이어진 형태였다. 이 침방의 이름은 정시합이며, 남쪽 누는 옥호루, 동쪽 누는 사시향루라고 불렀다. 곤녕합의 건물 면적은 51평 정도였다.

옥호루의 옥호는 '옥으로 만든 호리병'이라는 뜻이지만, 이는 옥호빙의 줄임말로 '옥병 안의 얼음'이라는 뜻이었다. 즉 '깨끗한 마음'을 비유하여 표현하였다. 사시향루의 사시향은 '네 계절 끊이지 않고 꽃향기가 풍긴다'는 의미였다.[14]

황태자와 황태자비가 곤령합 북쪽 복수당에 머물렀다. 복수(福綬)의 복은 '복록', 수는 '편안하다'라는 의미였다. 복수당은 장안당, 곤녕합 외에 별도의 명칭을 갖고 있는 건물이었다. 복수당에는 건물과 나란히 단장이 설치되어 있으며 건물의 각 칸은 방, 대청, 주방 등의 용도로 사용되었다. 건물 면적은 19평 정도였다.[15]

새벽 5시 30분
18장 사바찐과 현응택

관문각(觀文閣)과 옥호루

새벽 5시 30분, 5명의 일본 자객들은 소리를 지르면서 곤녕합의 계단으로 나왔다. 이들 중 한 명은 일본어로 열정적인 연설을 하더니 다시 곤녕합으로 들어갔다. 이들은 궁녀의 머리채를 잡고 다시 곤녕합의 계단으로 뛰어 나왔다. 양복을 입은 2명과 기모노를 입은 3명의 일본인은 뛰어 나오는 속도를 멈추지 못하고 정면에서 사바찐을 발견했다. 그들은 핏발이 선 눈으로 놀라움에 약 10초 동안 정지했다. 정신을 차린 이들은 한 목소리로 일본어와 한국어로 사바찐이 왜 여기에 있는지 묻기 시작했다.[1]

순간적으로 사바찐은 숨을 멈추며 망설였다.

'어떻게 대응할까?'

사바찐은 일본어와 한국어를 모르는 척하는 것이 유리하다고 판단했다. 사바찐은 영어로 말하기 시작했다. 그러나 이들 중 누군가 영어를 이해하고 있다고 느꼈다. 잠시 후 이들은 사바찐을 보호하고 있는 훈련대 병사들의 설명을 듣고 나서 다시 곤녕합으로 돌아가기 시작했다.[2]

잠시 안도의 한숨을 쉬었다.

그 순간 사바찐은 곤녕합 마당으로 들어오는 한 인물과 눈이 마주쳤다. 그는 사바찐이 들어온 정시합 정면의 담장에 설치된 출입문으로 들어왔다.

"아!"

이 인물은 사바찐를 보고 놀란 나머지 탄성을 질렀다. 그는 사

바찐을 너무나 잘 알고 있는 인물이었다.[3]

사바찐은 향후 자신에게 미칠 파장을 고려하여 자신의 보고서에서 그 인물의 이름을 기록하지 않았다. 단지 사바찐은 그가 대궐 안에서 서기 또는 비서 신분으로 대궐에서 근무하고 있었다고 기록했다.

그 인물은 평상시가 아닌 상황, 소동의 한가운데에서 사바찐을 보면서, 놀라움으로 멍해졌고, 곧바로 정신을 차렸다. 그리고 일본인에게 다가갔다.[4]

서기 또는 비서 신분, 사바찐을 잘 알고 있는 인물, 더구나 사바찐과 악연인 인물은 누구일까?

그 인물은 바로 광산개발을 위한 광무국(礦務局) 주사(主事) 출신 현응택(玄應澤)이었다.[5]

사바찐은 참으로 현응택과의 악연이 질겼다.

조선 정부는 1890년대 사바찐의 관문각 공사에 따른 그의 처우문제에 대해 주한 러시아 공사관과 1년 넘게 외교문서를 주고받았다.

통리교섭통상사무아문(統理交涉通商事務衙門)은 1891년 2월 사바찐 고용비용으로 4개월 분의 880원(元)을 지급할 것을 인천 감리(仁川監理)에게 지시하였다.[6] 또 통리교섭통상사무아문은 1891년 6월 사바찐의 고용비용으로 230원을 즉시 지급할 것을 인천 감리에게 명령하였다.[7] 그 후 독판교섭통상사무 민종묵은 1891년 6~8월

사이 매달 지급되는 220원을 중지시켰다고 주한 러시아 공사 드미뜨리옙스끼에게 통고하였다.[8]

드미뜨리옙스끼는 1892년 6월 1일(러시아역) 전 형조판서 한규설(韓圭卨)에게 관문각 건설을 둘러싼 사바찐의 일처리를 부탁하였다. 그 과정에서 드미뜨리옙스끼는 '민유익(Мин Юик)의 하인이었던 현순탁(Хен Сун-так)의 음모'라고 한규설에게 설명하였다.

'현순탁'이라는 러시아 발음을 한국 이름과 가장 가깝게 바꾸면 '현순택'이다. 실제 사바찐은 1891년 9월 전후 관문각 부실공사 책임과 관련하여 현응택과 대립하였다. 러시아어 자음에 'ㅇ'이 없다는 사실을 감안하면 드미뜨리옙스끼가 기록한 현순탁은 바로 '현응택'이었다.

드미뜨리옙스끼는 '왕자 민유익'이라고 기록하였다. 당시 민씨 가문 출신으로 명성황후의 지지를 바탕으로 '왕자'로 불렸던 인물은 민영익(閔泳翊)이었다. 러시아어 발음까지 고려한다면 드미뜨리옙스끼가 기록한 '민유익'은 바로 '민영익'이었다. 현응택은 민영익의 하인 출신이었다.[9]

적은 따로 있었다. 바로 현응택이었다. 현응택과의 만남은 사바찐에게 조선에서의 어두운 그림자가 드리워지는 순간이었다.

드미뜨리옙스끼는 1892년 6월 3일(러시아역) 독판교섭통상사무(督辦交涉通商事務) 민종묵과 사바찐에 대해 논의했다. 민종묵은 1892년 5월까지 사바찐의 봉급을 지급한 다음 관직에서 퇴임시킬 것이라고 통고했다.

하지만 드미뜨리옙스끼는 사바찐의 해임을 거부했다.

"사바찐이 해관에서 정규적인 업무를 수행했고, 궁궐 공사로 매달 정기적인 봉급을 받았습니다."

드미뜨리옙스끼는 사바찐의 조선 관직 유임을 강력히 요구했다.[10]

통리교섭통상사무아문은 1892년 5월 건축기사 사바찐이 6월 사퇴하니 마지막 달 월급 220원의 지급을 인천 감리에게 지시하였다.[11]

당시 조선 정부는 재정난에 어려움을 겪었다. 조선 정부에 고용된 사바찐을 포함한 다이와 그레이스하우스 등은 1년 동안 월급을 제대로 받지 못했다. 독판교섭통상사무 민종묵은 1892년 7월 주한 프랑스 공사 프랑댕(Hyppolite Frandin)에게 사바찐과 러젠드르(C.W. Legendre)의 월급을 기다려 줄 것을 요청할 정도였다.[12]

드미뜨리옙스끼는 1892년 12월 독판교섭통상사무에게 사바찐의 밀린 월급을 지급하여 귀국시키는 방안을 제안했다. 드미뜨리옙스끼는 사바찐의 밀린 월급을 3천 달러로 제시하였다. 하지만 독판교섭통상사무는 사바찐에게 지불될 액수가 적을 것이라고 말했다.[13]

독판교섭통상사무 조병직은 1893년 2월 밀린 월급으로 4백 달러를 제안하며 사바찐을 설득해 줄 것을 드미뜨리옙스끼에게 요청했다. 하지만 드미뜨리옙스끼는 조병직의 제안을 거절했다. 1890년 초반 사바찐의 처우 문제는 조선과 러시아의 지리한 외교교섭 문제 중 하나였다.[14]

흥분해선 안 된다는 것이 드미뜨리옙스끼의 지론이었다. 분한 일이 있더라도 흥분할 필요는 없었다. 흥분하고 공연히 맞섰다가는 이득은커녕 그만큼 손해였다. 드미뜨리옙스끼는 사바찐 문제를 차분히 처리하려고 노력하였다.

드미뜨리옙스끼(П.А. Дмитревский, 1851-1899)는 청국과 조선에서 외교업무를 수행한 극동문제 전문가였다. 동시에 그는 조선과 중국을 연구한 학자였다.[15] 드미뜨리옙스끼는 1875년 뻬쩨르부르크 대학 동방학부를 졸업했다. 전공분야는 중국, 만주, 몽골 분야였다. 그는 1891년 8월부터 1893년 11월까지, 1899년 4월부터 8월까지 두 차례 서울 주재 러시아 공사 대리를 역임했다.

드미뜨리옙스끼는 예리하면서 날카로운 관찰력을 지니고 있었다.[16] 그는 술독에 빠져 간의 종기 수술을 3번씩이나 받았다. 1899년 8월 29일 새벽 1시 사망한 뒤, 양화진에 묻혔다.[17]

드미뜨리옙스끼는 1892년 1월 극동 정세에 관한 보고서를 본국 정부에 보냈다.

"만약 러시아의 노력이 없었다면 조선은 이미 청국과 일본의 유혈투쟁의 장으로 변했을 것입니다."

"저는 조선 문제와 관련하여 청국과 일본 간의 협약 가능성을 믿지 않습니다. 두 나라의 역사적 정치적 전통 및 조선에서의 득과 실은 전적으로 대립되기 때문입니다."[18]

드미뜨리옙스끼는 러시아가 청국과 일본의 조선 침략에 대한 견제 역할을 수행했으며, 향후 조선을 둘러싼 청국과 일본의 전쟁까지 예측했다.

독판교섭통상사무 조병직은 1893년 3월 밀린 월급에 대한 사바찐의 처우개선 방안을 제시했다. 조병직은 드미뜨리옙스끼에게 사바찐을 조선 관직에 추천하는 방안을 제안했다. 조병직은 조선 정부가 건축 관련 공사를 개시하면 사바찐을 제일 먼저 추천하겠다고 약속했다. 사바찐의 고용 비용에 대한 처리가 해관에 초빙하는 방안으로 가닥이 잡혔다.[19]

드미뜨리옙스끼는 1893년 9월 사바찐의 처리 문제에 대해 상당한 시간을 할애하며 후임으로 온 독판교섭통상사무 남정철에게 설명했다. 드미뜨리옙스끼와 사바찐의 밀접한 관계를 반영한 것이다.[20] 그 결과 남정철은 1893년 9월 해관에 사바찐을 복귀시킬 것을 총세무사(總稅務司) 브라운에게 요청하였다.

남정철은 사바찐이 수행한 관문각 공사를 평가하였다.

"성실히 일한 결과 오류 없이 완공(竣事)하였다."

남정철은 총세무사에게 공문을 보냈다.

"사바찐의 '직임자격(職任資格), 신수발급(薪水撥給)' 등을 자세히 기록하여 참고하기 바람."[21]

그런데 총세무사 브라운은 1893년 10월 사바찐의 해관 복귀를 반대했다.

"해관 내에는 영자수(鈴字手, 검수원)가 더 이상 필요하지 않고 달리 파위지처(派委之處)도 없으니 전직임(前職任)을 회복시키기 어려운 상황입니다."

총세무사 브라운에 따르면 사바찐은 1883년 9월부터 해관에서 검사를 수행하는 영자수로서 매달 양은(洋銀) 60원을 받으며 근무했다. 사바찐은 1885년 12월 연료와 식수를 구매하는 비용 '신수비'(薪水費)가 75원으로 증가되었다. 사바찐은 1888년 5월 궁궐 조영 지역(造營之役) 경리를 담당하기 위해 서울로 파견되었다. 사바찐은 1889년 4월에는 해관에 1년의 휴가를 신청하였고 다시 1년 후에 사직하였다.[22]

사바찐은 1893년 10월 총세무사 브라운을 만났다. 브라운은 조선 정부가 사바찐을 과거와 같은 직책에 임명하도록 지시했다고 답변하였다.[23] 결국 1894년 10월 사바찐은 공부(工部)에 소속되어 200원의 월급을 받으며 건축과 보수(工務營繕) 업무를 담당하기로 예정되었다.[24]

19장 사바찐의 경복궁 관문각 공사

관문각

사바찐은 경복궁 관문각 공사 시절 힘겨웠던 그 순간이 떠올랐다. 1888년 5월 사바찐은 경복궁 내부의 건청궁 관문각 공사에 대한 경리 일체와 지휘 감독을 맡기로 조선 정부와 계약했다.[1]

사바찐은 관문각을 직접 설계하고 공사를 감독했다. 관문각은 기초공사로 벽돌과 석회를 사용하였다. 사바찐은 관문각 공사에 작업을 지시하며 직접 참여했다.

당시 사바찐의 눈에는 자기가 감독한 벽돌과 석회밖엔 보이지 않는다. 공사현장에서 사바찐도, 다른 공사 인부도 몸이 달아올랐다. 정신없이 함께 전신을 움직이고 있노라면 더위가 온몸을 후끈하게 만들었다. 그들은 잠시도 멈추려 하지 않았다. 땀이 마르는지도 몰랐다. 바람이 불어온대도 그런 것쯤 아무것도 아니었다. 사바찐은 원래가 그런 성격이었다. 바보의 외고집이라고나 할까, 5년간의 조선 생활도 이 점만은 끝내 고쳐 주지 못했다.

본래 이름이 관문당인 관문각은 왕의 서재로 지었다. 관문각은 '글을 읽은 집'이라는 뜻이었다. 사바찐이 작성한 관문각의 공사비 내역서를 살펴보면, 벽돌과 유리가 들어갔으며 증기보일러가 설치되었고, 앞뒤로 복도와 계단을 갖추었을 뿐 아니라 일부에는 일본산 자재가 투입되었다.[2]

사바찐은 조선 정부로부터 공사비 일체를 현금으로 받아 사바찐이 임의로 자재비와 노무비 및 기타 경비를 집행하였다. 집행된 경비는 공부의 직인을 찍어 확인하는 방식이었다. 현응택은 보좌

역할로 사바찐의 지시에 따라 자재를 구입하고 공사비를 관리하는 일을 맡게 되었다.

하지만 공사 진행 과정에서 사바찐은 도면을 그리고 공법을 지시하고 인부를 감독하는 역할만으로 점차 축소되었다. 공사비 지출은 현응택이 독점하는 방식으로 흘러갔다. 현응택은 지출을 절약할 목적으로 불량자재를 구입했다. 비용이 적게 드는 공법을 채택하려고 했기 때문에 사바찐과 부딪쳤다. 결국 관문각 공사의 하자가 발생했다. 관문각 신축공사의 하자는 처마의 붕괴, 목재의 수축문제, 석회와 벽돌의 강도 문제, 증기보일러의 설치 방법, 누수 등이었다.

사바찐은 자신의 책임하에 지급된 자재비를 현응택이 자재상과 결탁하여 착복한 것으로 판단했다. 사바찐은 고종의 측근 데니 고문에게 현응택을 고발했다. 현응택은 그 보복으로 사바찐을 현장에 나오지 못하게 하고 스스로 공사를 맡았다.

데니(O. N. Denny, 德尼, 1838-1900)는 이홍장과의 친분을 바탕으로 조선의 외교고문으로 발탁되어 1886년부터 4월부터 1890년 4월까지 활동했다. 그는 이홍장의 조선 속국화정책의 일환으로 파견되었지만 조선에서 반(反)청운동을 전개했다.[3]

사바찐은 1891년 가을(9월 21일자) 사직을 결심하고 밀린 봉급의 지불을 요청하였다.

사바찐은 하자의 책임을 가리는 문제에 적극적으로 대처하였다.

사바찐은 조선인이 시공했기 때문에 누수가 되었다며 조선인 공장의 기술에 불신감을 표시했다.[4]

현응택은 공사의 하자를 모두 사바찐에게 뒤집어씌우려는 계책을 마련하였다.

"관문각 누수에 대한 모든 잘못(誤錯)의 책임을 사바찐이 져야 한다!"

현응택은 사바찐이 국왕을 만나서 자신의 잘못을 무마해 줄 것도 요구했다.

현응택은 사바찐을 설득했다.

"당신이 잘못했다고 하고, 조선인의 잘못을 언급하지 말라. 사바찐 당신은 어차피 외국인이므로 처벌을 받지 않을 것이다."

사바찐은 반박했다.

"그 말은 논리에 맞지 않으니 국왕이 물으면, 진실을 말하지 않을 수 없다."[5]

사바찐은 조선에서 8년 이상을 보냈지만, 그래도 아직은 비열한 인간으로 까지는 타락하지 않았다. 아니, 시간이 가면 갈수록 그는 더욱더 의지가 굳어져 갔다. 그러나 그런 강한 의지를 가진 사바찐도, 현응택의 협박에 자기의 마음을 의지의 명령 하에 놓아 둘 수는 없었다.

철새처럼 장소를 바꿈으로써 구원을 찾으려고 하는 자는 결코 무엇 하나 찾아내지 못한다. 왜냐하면 그 인간에게 있어 지상은 어디나 똑같기 때문이다. 고민 끝에 사바찐은 고종을 만나 진실을 알릴 것을 결심했다. '무턱대고 남의 것을 탐하는 자는 탐내도 좋다. 그러나 누구나 책임이라는 걸 충분히 납득해야 한다. 남의 불행이 나의 행복이라는 졸장부들하고는 더 이상 타협은 없다.'

사바찐은 3일 동안 아침부터 저녁까지 궁정에서 대기하였으나 결국 고종을 만나지 못했다. 사바찐은 왕의 알현을 조선관원들이 방해하는 것으로 생각하여 왕의 측근인 서양인 객사니기(喀查尼紀)를 만났다.

객사니기는 왕의 명령을 사바찐에게 전달했다.

"왕의 명령이니 1,500원으로 하자를 보수하되 조선 관원을 쓰지 말고 혼자서 자재와 인부를 수배하여 시행하라."

사바찐은 1892년 2월 보수를 위한 보관서류를 작성하고 4월에는 자재와 인부도 모두 조치하여 관문각을 보수했다.[6]

사바찐은 관문각을 둘러싸고 현응택의 끊임없는 위협에 시달렸다.

'사람들은 서로 편안히 살도록 두지를 못하는 걸까? 그로 인한 손해가 큰데도 말이다! 얼마나 손실인가! 증오와 미움이 없다면 사람들은 서로에게 엄청난 이익을 얻을 수 있을 텐데.'

새벽 5시 35분

20장 현응택과 오카모토

오카모토 류노스케(岡本 柳之助, 1852~1912)

새벽 5시 35분,

현웅택을 응시하는 순간, 사바찐은 기중기로 가슴을 죄이는 것 같은 기분을 느꼈다. 만일 현웅택이 자신에게 불리한 얘기를 한다면 변명의 여지없이 곤경에 처할 것이다. 사바찐은 마음속으로 소리 높여 하나님의 이름을 부르며 구원을 받고 싶은 심정이었다. 이러한 모든 상념은, 현웅택과 눈이 마주치는 그 짧은 순간에 그의 머릿속을 스치고 지나간 상념들이었다.

현웅택은 너무 놀라 잠시 멈칫했으나 곧바로 곤녕합으로 들어가는 일본 자객에게 접근하며 활기차게 무언가를 얘기하기 시작했다.

'무슨 말일까?'

사바찐은 심장이 두근거리고 관자놀이도 빠르게 뛰었다. 마치 저들이 속삭이면서 자기 운명을 결정하는 것 같아 심장이 세차게 요동쳤다.

"저 사람 사바찐은 아마도 대궐 배치와 명성황후를 잘 알고 있을 겁니다."

이렇게 현웅택이 말하는 것 같았다.

현웅택의 말이 끝나기가 무섭게 5명의 일본 자객들이 사바찐에게 소리를 지르면서 빠르게 달려왔다.[1]

이 순간 사바찐은 가장 끔찍하고 위험한 상황이라고 판단했다. 자객들이 맹렬한 기세로 달려들자 훈련대 병사 2명은 신속하게 길을 내주면서 옆으로 물러났다. 이들 중 한 명은 사바찐의 옷깃을 잡았고, 다른 한 명은 소매를 잡았다. 동시에 일본어와 한국어로 소리를 질렀다.

"왕비가 있는 곳을 말하라!"

사바찐은 그들의 말을 못 알아듣는 것처럼 행동했다. 그들의 무례한 태도에 놀란 표정까지 지었다.[2]

사바찐의 옷깃을 잡았던 한 명은 영어로 말했다.

"왕비는 어디? 어디에 숨었는지 우리에게 알려주란 말이다!"

사바찐에게 또다시 반복했다.

짧은 순간 사바찐은 호흡을 가다듬었다. 생각이 떠올랐다. 사바찐은 차분하게 답변했다.[3]

"제가 외국인이고 남자이기 때문에 왕비의 얼굴뿐만 아니라 숙소도 전혀 알 수 없습니다."

이러한 답변에도 불구하고 자객들은 왕비의 숙소를 가리킬 것을 강요할 속셈으로 사바찐을 곤녕합으로 끌고 갔다.

그 때 멀지 않은 곳에서 현장 지휘자 오카모토가 보였다. 오카모토는 여기서 벌어진 상황을 주시하면서 사바찐에게 다가왔다. 자객들은 공손한 태도를 보이며 사바찐과 현응택을 손짓하며 일본말로 오카모토에게 뭐라고 얘기하기 시작했다.[4]

그들의 말을 듣고 난 후 오카모토는 엄중한 목소리로 사바찐에게 말했다.

"우리는 왕비를 찾지 못했소. 당신은 왕비가 어디 있는지 알고 있을 테니, 왕비가 어디에 숨었는지 우리에게 알려주시오."[5]

사바찐은 오카모토의 질문을 들으면서 가장 적절한 답변이 무엇일까를 고민했다. 결국 자신에게 왕비의 소재를 묻는 것의 부당함을 설명하는 것이 최선이라고 생각했다. 사바찐은 오카모토에게 조선의 관습과 법에 따라 왕비의 얼굴뿐만 아니라 왕비의 숙소도 전혀 알 수 없다고 또다시 반복했다. 다행히 오카모토는 사바찐의 변명을 받아들였고, 자신의 부하들에게 사바찐을 놓아줄 것을 명령했다.

그렇지만 현응택은 오카모토에게 끈질기게 뭔가를 설득시키려고 애썼다. 현응택은 사바찐이 풀려난다면 그를 밀고한 자신에게 닥칠 혹시 모르는 불이익을 생각했던 것 같다. 사바찐은 현응택이 곤녕합의 유일한 서양인 목격자인 자신을 풀어줘 발생하는 위험을 열심히 설명하는 것처럼 보였다.[6]

오카모토는 현응택의 의견에 동의하듯 긍정의 의미로 고개를 끄덕이더니 다른 곳으로 움직이려고 했다. 숨죽이며 상황을 지켜본 사바찐은 자신이 현응택 때문에 덫에 걸렸다고 판단했다. 그래서 대궐을 신속히 빠져나가는 길이 살기 위한 최선의 방법이라고 생각했다.

사바찐은 옆에 있던 훈련대 병사가 말리는 것을 뿌리치며 재빨리 오카모토에게 다가갔다. 그리고 그가 자신을 보호해 주겠다고 말한 것을 상기시켰다.

"당신과 같은 신사들은 자신의 말에 항상 책임을 진다는 것을 알고 있소."

"끝까지 친절을 베풀어 나를 보호해 주겠다는 약속을 지켜 주시오."

사바찐은 오카모토를 치켜세우며 애원했다. 사바찐은 자신이 궁궐에서 나가는 것을 호위해 줄 병사를 붙여달라고 부탁했다.[7]

대위 오카모토 류노스케는 1852년 와카야먀(和歌山) 번(藩) 무사의 아들로 태어났다. 1878년 근위병 쿠데타인 죽교사건(竹橋事件)에 연루되어 체포되었고, 1879년 육군 재판소 판결에 따라 평생 관직에 진출할 수 없게 되었다. 오카모토는 1885년 일연종(日蓮宗)에 출가하여 간토(關東) 각지를 순례하며 포교에 종사했다. 불교에 귀의할 당시 육군 중장 미우라 고로와 종교 문제로 담론까지 나누었다.

오랜 개인적 방황 끝에 오카모토는 서구주의에 대응하여 '아시아 주의'를 부흥시키려는 활동에 참가하였다. 그는 1889년 육군참모본부 소속 아라오 세이(荒尾精) 등과 함께 '일청무역연구소(日淸貿易硏究所)' 창립을 결의하고 정치활동을 재개했다. 당시 일본의 군부 내부는 서구주의와 아시아주의 세력으로 나뉘었다. 아시아주의는 서구주의에 대한 대항 의식으로서 뒤늦게 생겨났다. 당시 아라오는 '아시아 주의'를 적극 주장하였다.

"청국에 대해 옳은 통치를 행하고 그렇게 해서 아시아를 부흥시키고 싶다."

'아시아주의'에 적극 참여한 오카모토를 비롯한 일본 '낭인'은 조선, 청국, 일본 동양 3국을 크게 하나의 범위로 설정하였다. 아시아주의자는 혈통적·문명적·지정학적 차원에서 조선과 일본의 일체성을 강조했다. 동양의 혁신이란 일본을 맹주로 한 아시아 신질서의 구축 및 '신문명'에 입각한 아시아의 문명화였다. 그 배경에는 일본은 문명국이고 조선과 청국은 반개화국이라는 인식이 자리 잡고 있었다. 김옥균(金玉均)의 지인이었던 오카모토는 1894년 3월 김옥균이 상해에서 암살되자 조선과 청국에 대해 응징할 것을 주장하였다.

1894년 조선 군부 고문관으로 초빙된 오카모토는 정치적 비밀활동을 활발히 전개했다. 그는 일본 공사관과 대원군 사이의 연락을 담당했다. 오카모토는 청일전쟁 당시 대원군이 평양 주둔 청국 장교에게 보낸 서신을 근거로 대원군을 압박하여 1894년 11월 대원군의 정치활동을 중지시켰다.

오카모토는 1895년 7월 박영효(朴泳孝)역모사건 당시 대원군의 요청을 일본 공사관에 직접 전달하였다.

"이재면(李載冕)을 궁내부대신으로 임명하면 충분하지 않지만 왕비를 제어할 수 있다."

오카모토는 을미사변 직전 조선의 위기를 설명하면서 대원군이 적극적으로 정변에 참여할 것을 설득하였다.

오카모토는 삼국간섭 이후 왕비가 일본을 경시했고, 주한 러시아 공사 베베르와 결탁했다고 판단하였다.

"왕비가 1895년 7월 박영효를 역모사건으로 처벌한 이후 정부 내부의 소위 '일본당'도 축출하려고 계획했다."

그만큼 오카모토는 왕비가 반일세력의 정점이라고 생각하였다.[8]

21장 개국기원절 행사

명성황후가 미국 공사 존 실(John Sill)의 부인에게 보낸 초청장 – 국사편찬위원회 소장

새벽 5시 45분. 오카모토는 훈련대 병사 2명에게 사바찐을 곤녕합에서 데리고 나갈 것을 명령했다. 현응택도 오카모토의 결정에 불만을 표시했지만 사바찐과 함께 출발했다.

현응택은 인적이 드문 궁궐 뒤쪽인 복수당(福綏堂) 출입구로 유도하면서 사바찐에게 앞장설 것을 주문했다. 앞서서 걸어가던 사바찐은 곤녕합에서 장안당으로 가는 자유로운 길이 있음에도 불구하고 인적이 드문 복수당 뒤쪽으로 이동하는 것에 의심을 품었다. 더구나 현응택이 훈련대 병사에게 몰래 귓속말로 속삭이는 것을 보았다.

곤녕합을 벗어나 복수당을 돌아가는 길에 사바찐은 훈련대 병사가 자신보다 조금 앞에 서서 걸어가 줄 것을 제안했다. 훈련대 병사가 자신의 제안을 쉽게 받아들이지 않을 것이라고 예상했기 때문에 사바찐은 다시 한 번 완강하게 주장했고 관철시켰다.[1]

일본 자객들로부터 벗어나자 사바찐은 극단의 상황에서 자신을 방어할 수 있다는 용기를 갖게 되었다. 사바찐은 아주 위험한 상황에서 벗어났지만 혹시 일어날지도 모르는 위험에 대비해야 한다고 생각했다. 그래서 불안한 태도를 버리고 당당한 모습을 보여주려고 애썼다. 공격적인 모습을 보이지 않으려고 의식적으로 팔짱을 낀 채 걸어갔다.[2]

현응택도 눈을 깜박거리기 시작했다. 불리한 공기를 눈치챘다. 자신도 달아날 구멍을 찾기 시작했다. 상대가 사바찐 같은 산전수전 다 겪은 사람에게는 신중을 기할 필요가 있다는 것쯤 터득하고 있어야 할 게 아닌가. 어쩌면 현응택도 불쌍한 사내다. 자기 자신이 어떻게 처신해야 할지 모르는 인간이다.

사바찐은 관문각을 거쳐 장안당을 지나면서 일본 군인과 장교, 조선 관료들을 목격할 수 있었다.[3] 대략 8~10명의 일본 장교가 100~150명 정도의 일본 병사들을 지휘했다.

사바찐은 일본 군대를 바라보면서 그날을 떠올렸다.

러시아, 독일과 프랑스의 무력적인 압력 때문에 일본은 1895년 5월 청일전쟁에서 얻은 랴오둥 반도(遼東半島)를 청국에 반환할 수밖에 없었다.[4] 조선에서 일본의 영향력이 약화된 상황에서 조선 왕실은 1895년 9월 4일 조선왕조 504년 건국 기념일인 '개국기원절' 행사를 준비했다.

이날 행사의 준비 위원회에는 외국인이 포함되었다. 궁내부 고문관(宮內府 顧問官) 러젠드르 장군, 러시아 공사 베베르의 부인의 자매이자 궁내부에 소속된 손탁(존타크) 여사, 그리고 사바찐 등이었다. 러젠드르 장군은 사무장(事務長)이라는 명예위원으로 외국인들을 접대했고, 손탁 여사는 음식과 식탁 준비를 담당했으며, 사바찐은 식장의 장식 부분을 총괄했다.[5]

사바찐은 남북전쟁에서 활약한 바 있는 러젠드르 장군의 주름진 애꾸눈을 쳐다보았다. 러젠드르(C.W. Legendre, 李善得, 1830~1899)는 1860년 남북전쟁에 참가하여 한쪽 눈을 잃고 육군 준장으로 명예제대하였다. 그는 남북전쟁에서의 공로를 인정받아 1866년 중국 하문(廈門)영사로 발탁되었다. 그 후 일본 외교고문으로 재직하면서 일본의 외교정책을 지지했다. 1890년 2월 러젠드르는 조선 내무부 협판내무부사(協辦內務府事)에 임명되었는데, 내무부 협판으로서 국정 전반에 대한 자문, 개화와 자강 업무를 총괄했다. 그는 1894년 궁내부 고문에 임명되었다.[6]

당시 러시아 공사 베베르는 조선에서 정치력 영향력을 확대하기 위해서 손탁을 궁내부에 고용하도록 추천했다. 독일 엘자스(Elsass) 출신인 손탁은 궁궐에서 유럽식 향연을 준비하면서 왕비를 자주 만나 2~3시간 연속으로 왕비와 대화했다.[7]

과거 손탁(Sontag) 여사, 러시아 이름 마리야 예고로브나(Мария Егоровна)는 명성황후와의 친분 덕분에 조선에서 정보를 빨리 입수할 수 있었다. 손탁은 1893년 10월 사바찐의 세관 복귀 소식을 조선 정부의 발표 이전에 알고 있을 정도였다. 손탁은 당시 러시아 공사 드미뜨리옙스끼에게 은밀히 궁궐의 정보를 알려주기도 하였다.[8]

미소, 명랑, 용서, 그리고 꼭 필요할 때 해주는 위로, 이런 것들을 손탁은 알고 있었다. 이것은 사교계의 모든 것을 할 줄 안다는 것을 뜻했다.

'개국기원절' 행사를 위한 준비 위원회 회의에 47명의 조선관료 중 외부 교섭국장(交涉局長) 박준우(朴準禹)와 궁내부 영선사장(營繕司長) 박용화(朴鏞和)도 참석했다. 두 사람은 박용화가 큰아버지인 박준우에게 양자로 입양하게 되어 부자지간이 되었다. 개국기원절 행사에 박준우는 사무장(事務長), 박용화는 사무위원(事務委員)이라는 직위를 맡고 있었다. 그런데 두 사람 모두 1894년 갑오개혁 이후 주한 일본 공사관과 긴밀한 관계를 유지했던 인물이었다.

이날 회의에서 두 사람 중 한 명은 일본과의 관계를 고려하여 식탁 시중을 위해 일본 급사를 초청하는 문제를 논의하자고 제안했다.

일본인들의 이름이 나오자, 손탁 여사는 얼굴을 찡그렸고, 일본인들 전체를 비난하기 시작하면서, 심지어 침까지 내뱉었다. 그러자 러젠드르 장군은 마치 귀부인에게 시중드는 유명한 기사처럼 웃으면서 그녀의 말에 맞장구를 쳤다.

손탁 여사는 왕실로부터 자신의 개인 집을 짓기 위해 약 1만 달러를 받았고, 그녀의 지도 아래 한국 여인들이 다양한 수공예를 배울 수 있는 학교 설립도 약속받았다.

이러한 일련의 상황에서 사바찐은 일본의 외교관 및 일본과 연대하는 조선 관료들의 명성황후를 향한 적개심을 본능적으로 느꼈다. 이때 사바찐은 불길한 느낌을 지울 수 없었다.

"이것이 언뜻 보기에는 별일 아닌 작은 사건 같지만, 이와 비슷한 작은 사건들이 점점 더 많아져서 어떤 음모의 도화선이 될 수 있다."9

손탁과의 관계 속에서 명성황후는 러시아의 지원을 예상하고 평소의 신중한 태도를 버리고 반일 활동을 전개하면서 독자적인 노선을 걷기 시작했다.10 명성황후는 랴오둥 반도를 둘러싸고 일본이 외교적으로 패배하자 조선에서 일본의 영향력을 약화시키려고 노력했다. 당시 명성황후 주변의 미국인도 자국의 이권과 특권을 확보하기 위해서 일본의 영향력을 두려워할 필요가 없다고 조언했다.[11]

미국은 조선에서 1895년 7월 운산채광약정(雲山採鑛約定)을 체결했다. 삼국간섭 이후 일본을 멀리하고 러시아와 미국과 손을 잡으려는 외교정책에 명성황후가 직접 개입했다.

"10년간에 걸친 주한 미국 외교관 알렌의 조선 정부에 대한 봉사에 보답하는 뜻에서 운산금광을 하사하라."

명성황후가 명령을 내리자 계약은 쉽게 체결되었다.

계약 체결 후 모스(J. R. Morse)가 자본 부족 등으로 소극적인 태도를 보이자, 알렌은 광산개발에 깊은 관심을 가진 미국 시애틀의 자본가 헌트(Leigh S. J. Hunt)를 끌어들여, 단 3만 달러에 운산금광 특허권을 매수하는데 성공했다. 이 대형 이권을 양도 받은 헌트는 1897년 9월 총 자본금 5백만 달러를 모아 동양광업개발주식회사(Oriental Consolidated Mining Company)를 설립하였다.

동양광업개발주식회사는 1939년 일본인들에게 팔릴 때까지 40여 년간, 9백만 톤의 금광석을 산출하여 5천6백만 달러의 금을 생산하고, 1천5백만 달러의 순이익을 올렸다.(참고로 1867년 미국이 알래스카를 720만 달러, 현재 소비자 물가로 환산하면 약 1조원에 구매했다) 운산의 금광업은 아시아 최고의 금광 수익사업으로써 1900~1933년 간 주주들에게 1천2백만 달러의 배당금을 지불할 정도로 막대한 이권이었다.[12]

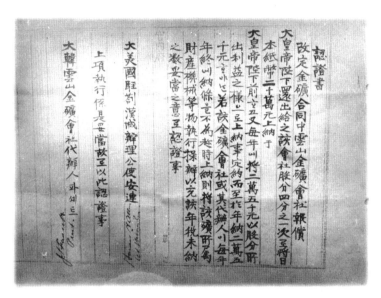

運산금광회사 관련 인증서 – 국사편찬위원회 소장

22장 궁내부협판 이범진

이범진(李範晋, 1852~1911)

사바찐은 생각했다. 만일 명성황후가 외국인들로부터 보호를 기대하지 않았다면 그녀는 자신의 위험을 피하기 위한 모든 조치를 강구했을 것이다. 하지만 명성황후는 자신을 보호해 주겠다는 외국인들의 약속을 받았고, 외국인들이 궁궐에 머물고 있다는 사실을 지나치게 신뢰했다.[1]

사실 개국기원절은 명성황후를 포함한 왕실의 정치적 영향력 확대를 보여주는 상징적인 행사였다. 그동안 왕실은 삼국간섭 이후 일본의 영향력이 약화되자 일본의 후원을 받고 성립한 김홍집 내각을 무력화시키려고 애를 썼다.[2]

이날 행사는 궁내부가 개국기원절 행사를 주관했다. 개국기원절 행사에 관여했던 47명 중 궁내부관료는 41명이었다.[3] 고종과 명성황후는 이날 행사에 직접 참석하였는데 고종은 직접 개회 연설을 하고, 행사가 끝난 후 실무를 담당한 궁내부 관료들에게 품계를 올려주었다.[4] 고종은 내각에 의해 약화되었던 왕권을 회복하기 위해 왕실에 충성을 보였던 신진관료를 궁내부에 포진시켰다.[5] 고종과 명성황후의 정치적 영향력을 강화를 충실히 수행한 인물은 궁내부협판이자 개국기원절 준비 위원회 사무부총재(事務副總裁) 이범진이었다.[6]

이범진(李範晉, 1852~1911)은 갑신정변 당시 명성황후를 구해준 인연으로 총애를 받아 민비 가문과 긴밀한 관계를 맺을 수 있었다.[7] 이범진은 갑신정변 이후 고종의 특명에 의해 규장각직각(奎章閣直閣)

으로 승진하고, 삼국간섭 이후 궁내부협판(宮內府協辦)이라는 중요 관직에 발탁되었다.[8]

'개국기원절' 행사를 통해 궁내부협판 이범진은 궁내부 소속 관료의 결속력을 강화했다. 이범진을 중심으로 형성된 궁내부의 정치 세력은 고종의 강력한 후원을 바탕으로 을미사변 직전까지 내각의 업무까지 영향력을 확대할 수 있었다.[9]

개국기원절 행사 이후 왕실은 1895년 9월 재정, 법률, 내각, 군대 등에 대한 조직 개편을 대대적으로 시도했다. 그 과정에서 주한 일본 공사관과 연대하는 정치 세력을 점차적으로 제거했다.

주한 일본서기관 스기무라도 이노우에가 9월 17일 귀국길에 오르자 분노했다.

"9월 말 10월 초에 걸친 단 20일 동안 내각에 대한 왕실의 공격은 맹렬하여 마치 홍수가 제방을 파괴하는 기세와 같았다."

"왕실은 둔전 역전 및 홍삼 등에서 징수되는 세금을 전부 왕실 재산으로 만들고, 화폐 사업까지도 궁중에서 관장하려고 계획했다."

"왕실이 갑오개혁 이후 설치된 신제도와 신군대의 파괴를 착수했다."[10]

왕실은 1895년 9월 20일 기존 법률과 칙령 번호를 무시하고 새롭게 칙령 1호를 발표했다. 왕실은 궁내부의 핵심인물인 이범진을 농상공부대신으로 임명하면서, 반대세력인 전(前) 농상공부대신 김가진을 파면하고 내부협판 유길준을 의주관찰사로 전출시켰다. 무엇보다도 왕실은 일본 장교에 의해 교육받은 훈련대를 무력화시키기 위해 왕실의 신임을 받고 있는 홍계훈을 훈련대의 연대장으로 임명했다.[11] 왕실은 김홍집 내각을 약화시켜 갑오개혁 이전 왕실의 권위를 회복해야 한다고 생각했다.[12]

사바찐은 조선 관료가 장안당에 집결해 있는 것을 보면서 고종이 여기에 있을 것이라고 추측했다. 사바찐은 장안당을 지나 6시에 대궐 남문인 광화문을 통과했다.[13] 사바찐은 정동 소재 러시아 공사관에 6시 30분에 도착해서 베베르 공사와 슈테인 서기관에게 자신이 목격한 것을 증언했다고 기록했다.[14]

새벽 5시 45분
23장 사바찐에 관한 의혹

주한 러시아 공사관 (사바찐이 설계한 것으로 알려져 있다)

사바찐은 을미사변 관련 증언뿐만 아니라 보고서까지 작성했다. 10월 8일 주한 러시아 공사 베베르에게 사건에 대해 증언했다. 또한 즈프 주재 러시아 부영사 찜첸꼬의 권유로 10월 30일 을미사변의 보고서를 작성했고, 북경 주재 공사에게 자신의 보고서를 제출해줄 것을 요청했다.[1]

당시 사바찐은 서울 주재 독일 영사를 비롯하여 일부 외국인들이 보고서를 작성해 달라는 부탁을 받았지만 모두 거절했다.[2] 사바찐은 건청궁의 상황을 상세하게 증언했지만 명성황후의 시해 과정을 목격하지 못했다고 주장했다.

그런데 사바찐의 증언과 보고서에서 중요한 사실을 은폐한 의혹이 제기되었다.

우선 사바찐은 사건을 둘러싼 인물의 이름을 구체적으로 언급하지 않았다. 그래서 베베르(К.И. Вебер)와 찜첸꼬(А.Н. Тимченко -Островерхов)는 사바찐에게 을미사변에 가담한 일본인의 이름을 강하게 추궁했다. 두 사람은 사바찐이 더 이상의 정보를 제공하지 않자 사바찐에 대한 의혹을 품었다.[3]

진실의 추구란 '프리즘'을 투영하는 것과 같다. 의식 속에서 여러 가지 색깔을 일곱 가지 원색으로 분해해서 그 하나하나를 분석해야 한다.

주한 러시아 공사 베베르는 외교단 회의에서 현장의 유일한 목격자 사바찐을 노출시켰다. 베베르는 자신의 목격을 증언해 줄 인물이 필요했다. 사바찐은 자신에게 '가장 참혹한 결과가 닥쳐올 것을 직감했다.[4] 사바찐은 증언 공개로 자신의 목숨이 더욱 위태롭다고 판단했다. 일본인 및 조선 관료 등은 을미사변 현장에서 사바찐이 더 많은 사실을 목격했으리라 의심하고 있었다.[5]

이러한 의심 때문에 사바찐은 암살 위협에 시달렸다. 실제로 10월 8일 저녁 1명의 유럽인과 2명의 조선인은 사바찐에게 암살될 수도 있다고 경고했다. 왜냐하면 대질신문을 통해서 사바찐이 을미사변에 관련된 일본인과 조선인을 알아볼 수 있기 때문이었다. 그 날이후 사바찐은 밤에 잠을 잘 수 없었다. 게다가 가족의 안전을 위해서 저녁마다 집을 떠나야했다.[6]

사바찐은 10월 9일 조선 내부협판 유길준이 자신을 조선 내부의 고문관으로 제안하자 더욱 불안함을 느꼈다. 고문관 제안에 대해 사바찐은, 을미사변 이후 출범한 내각이 자신을 위험한 존재로 인식한 증거라고 판단했다.[7]

사바찐은 유길준의 제안에 섬뜩함을 느꼈다. '유길준, 그는 명성황후의 미움을 받아 지방에 좌천되었다가 을미사변 직후 기사회생한 인물이 아닌가?'

유길준(俞吉濬, 1856-1914)은 1884년 갑신정변이 실패하자 미국대학 진학을 포기한 채 1885년 6월 귀국했다. 유길준은 미국에서 견문한 것을 집필하기 시작하여 1889년 늦봄 『서유견문(西遊見聞)』을 완성하였다. 국한문 혼용인 『서유견문』은 조선의 자주성을 강조하는 동시에 국민들에게 세계정세를 쉽게 널리 이해시키려는 목적으로 집필되었다.

1894년 청일전쟁 이후 유길준은 교섭통상사무 참의, 1895년 5월 내부협판(內務協辦)에 임명되었다. 그 과정에서 유길준은 각종 근대적 개혁안을 입안하고 시행하는데 주력했다. 삼국간섭 이후 고종과 명성황후가 반일 정책을 강화함에 따라 유길준은 1895년 8월 16일 의주(義州)로 좌천되었다. 그러던 유길준이 을미사변 직후 내부협판에 재기용되었던 것이다.[8]

이런 상황에서 일본 공사관은 서기관 스기무라를 파견하여 사바찐의 증언을 확인하겠다고 러시아 공사관에 제안했다. 사바찐은 사건 현장의 내용을 을미사변의 주역 스기무라에게 증언한다는 사실에 소름이 끼쳤다.[9]

조선 정부와 일본 공사관이 점점 압박하자 사바찐은 러시아 공사 베베르에게 각종 조언을 구했다. 그런데 베베르는 사바찐의 증언에서 을미사변의 주모자 이름이 나오지 않자 그를 의심하기 시작했다. 베베르는 오히려 서기관 슈떼인이 있는 자리에서 사바찐이 알고 있는 모든 것을 자신에게 전달하지 않았다고 힐책했다.[10] 무엇보다도 사바찐은 내부 고문관의 제안에 대해서 베베르에게 조언을 구했지만 스스로 결정할 문제라는 원칙적인 답변만 들었다.[11]

그런데 오카모토가 왕비를 살해하는 과정에서 사바찐을 보호해 준 이유는 무엇일까?

사바찐은 삼국간섭 이후 조선 상황을 기록했다.

"러시아 공사 베베르 부인의 자매인 손탁과 왕비와의 친분이 주한 일본인 및 친일파 조선인의 분노를 머리끝까지 자극했다."

사바찐은 외교적 수완이 전혀 없는 손탁과의 친밀한 관계가 왕비에게 매우 위험한 일이라고 판단했다.[12] 사바찐은 조선에서 러시아가 일본을 자극하는 행동에 대해서 비판적인 시각을 견지했다. 이러한 사바찐의 중립적인 태도는 일본인으로 하여금 사바찐에 대한 반감을 막을 수 있었던 요인으로 작용했다.

당시 사바찐은 10년 이상 조선에서 생활했기 때문에 서울과 인천 거주 외국인과의 친분관계가 두터웠다. 그런 배경으로 을미사변 전날 중국인 친구는 사바찐의 출근을 저지했고, 을미사변 직후 유럽인 친구는 사바찐에게 암살 위험을 경고했다.

조선 군부고문관으로 경복궁을 출입한 오카모토는 '건축사이자 궁궐 감시자'라는 사바찐의 신분을 확인한 순간, 사바찐의 존재를 쉽게 무시하기 어려웠을 것이다. 일본인이 러시아인을 해친다면 러시아와 일본의 외교적 파장이 발생할 수도 있었다. 그만큼 사바찐을 살해했을 때 미치는 파장은 조선뿐만 아니라 러시아와 일본의 외교관계에 커다란 악영향을 끼칠 것이 자명했다.

그렇지만 사바찐의 중립적인 태도나 외교적 파장 등을 의식해서 오카모토가 사바찐을 보호했다고 단정하기는 어렵다. 당시 서울 거주 일본인과 조선인 일부는 사바찐이 '더 많은 사실'을 목격했을 가능성에 대해 의심하고 있었다.

24장 진실과 거짓 사이

'더 많은 사실'이란 무엇일까?

사바찐의 진술에 따르면 그는 새벽 5시 45분 건청궁을 출발했다. 사바찐은 정동 소재 러시아 공사관에 6시 30분 도착해서, 베베르 공사와 슈테인 서기관에게 자신이 목격한 것을 증언했다.[1]

아무리 느린 걸음으로 걸어도 건청궁에서 광화문까지 15분, 광화문에서 정동 러시아 공사관까지는 15분 정도가 소요된다.[2] 생명의 위협을 느끼던 사바찐이 발걸음을 늦췄을 가능성도 희박하다. 사바찐은 새벽 5시 45분이 아니라 6시에 건청궁을 출발했을 가능성이 높다. 5시 45분에서 6시 사이는 왕비가 살해되었던 시점이다.

경복궁, 1895년 10월 8일

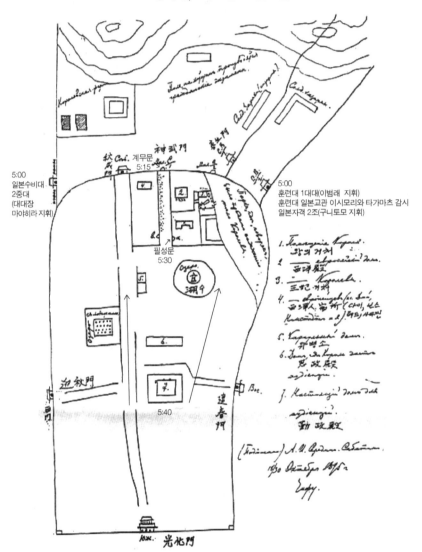

5:00
일본수비대
2중대
(대대장
마야히라 지휘)

5:15 계무문

5:00
훈련대 1대대(이범래 지휘)
훈련대 일본교관 이시모리와 타가마츠 감시
일본자객 2조(구니토모 지휘)

필성문
5:30

迎秋門

連春門

5:40

光化門

5:00 일본수비대 3중대(무관 구스노세 지휘)
5:30 대원군, 일본수비대 1중대(대위 후지도 지휘), 일본자객 1조(아다치 지휘), 훈련대 2대대(우범선 지휘)

사바찐이 작성한 경복궁 전도 (1895년 사바찐 작성)

또 다른 사실은 오카모토가 사바찐의 변명을 너무 쉽게 믿었고, 유럽인 사바찐을 곤녕합 현장에 방치했다는 점이다. 사바찐의 증언과 보고서, 러시아와 일본 외교문서 등을 살펴보면 사바찐이 일본인에 의해 건청궁 내부에 구금되었다는 기록은 존재하지 않는다.

두 사람 사이에 어떤 합의가 있었음에 틀림없다. 사실 사바찐이 그토록 감추려고 했던 인물은 명성황후 시해의 총지휘자인 오카모토였다. 사바찐은 오카모토가 드러나면 자신과 오카모토와의 의혹이 제기될 것을 예상했다. 그래서 그는 베베르의 추궁과 힐책에도 끝까지 침묵했다.

당일 사바찐의 행적에 관한 기록이 일부 남아 있었다.

한성신보 편집장 고바야카와(小早川秀雄)는 기록했다.

"칼날이 번득이고 마당 안팎을 자객들이 우왕좌왕 할 때 러시아인 사바찐이 현장을 목격하고 있었다."3

서울 주재 일본 영사 우치다(內田定槌)도 기록했다.

"벌써 해가 뜬 상황에서 미국인 다이 장군을 목격했고 다이와 함께 궁궐 안에 숙직했던 러시아인 사바찐도 역시 숨어서 이를 지켜보고 있었다."4

당시 공식적인 일출 시간은 6시 34분이었고, 해가 뜬 시간은 아무리 빨라도 6시 이전으로 볼 수 없다.

고등재판소는 사바찐의 행적을 기록했다. 여기에는 한글판, 국한문판, 영문판 등의 판본이 있었다.

고등재판소의 한글판은 다음과 같이 기록되었다.

"사바찐의 보고에도 일렀으되, 일본 사관들이 전정에 모이어 일본 자객들이 모든 일을 완전히 지을 줄을 이미 알았다 하였고, 또 일렀으되, 자객이 왕후를 해할 때에 일병이 전각을 환위하여 전문을 파수했다 하고, 그 자객이 각처에 찾더니……."5

고등재판소 국한문판은 다음과 같이 기록되었다.

"일본사관 등(等)이 전정(殿庭)에 둔집(屯集)하야 일본 자객(日本刺客) 등이 제반사(諸般事)를 다 주완(做完)한줄 사지(已知)하얏다 하얏고, 우운(又云)호대 자객(刺客)이 시후(弑后)할 시(時)에 일병(日兵)이 전정(殿庭)을 환위(環圍)하며 전문(殿門)을 파수(把守)하였다 하고 그 자객이 각방에 심멱(尋覓)하더니 필경(畢竟)에 왕후폐하를 초심(稍淡)한 방에 피하시려든 처(處)에서 심출(尋出)하야 도인(刀刃)으로 파하(斫下)하얏는대 당장(當場)에는 피시(被弑)하신줄은 정영(丁寧)치 못하얏으나……."

고등재판소의 국한문판에 따르면 사바찐은 일본인이 명성황후를 시해할 당시 일본인의 곤녕합 포위를 목격했다.

고등재판소의 영문판(The Korean Repository)은 한글판과 국한문판 보다 더욱 세밀하게 사바찐의 행적이 기록되었다.

"사바찐 씨의 말에 따르면 일본 장교는 그때 정원 안에 있었고,

자객들의 만행을 모두 알고 있었을 뿐 아니라, 자객들이 살해를 자행하는 동안 일본 병사들이 궁정을 포위하고 모든 문을 지키고 있던 사실도 분명히 알고 있었다. 그리하여(After) 장사(壯士)들은 모든 방을 일일이 수색한 후 왕후 폐하께서 어떤 구석방에 숨어 계신 것을 발견하고 즉시 붙잡아 가지고 있던 칼로 시해하였다."[6]

영문판의 "자객들이 살해를 자행하는 동안"이라는 대목은 일본 자객이 살해를 수행하는 현장을 사바찐이 목격했다는 것을 의미한다. 이 기록을 통해 "궁녀 살해를 목격하지 못했다"는 사바찐의 주장은 사실과 달랐다. 사바찐은 일본군과 일본 자객들이 궁녀들을 살해하는 현장을 목격했다.

결국 사바찐은 일본 장교가 일본 병사들을 지휘하며 궁녀들을 폭행하던 사실을 방관했고, 자객들이 곤녕합에서 살육을 감행하는 것을 목격했으며, 일본 병사가 건청궁을 포위하며 출입문을 통제한 것을 알고 있었다.

외교 사료와 재판 기록 등에 나타난 사바찐의 행적을 추적해 보면 사바찐은 왕비가 살해될 시각인 5시 50분 전후 현장을 목격하고 있었음에 틀림없다.

사건 현장에서 사바찐과 오카모토는 어떤 합의를 했을까?

그것은 사바찐의 생명을 구해주는 대신에 오카모토를 비롯한 일본인들의 살육에 대한 침묵을 지켜주는 조건이었다. 사바찐은 을미사변에 관한 자신의 보고서에서 오카모토를 '매우 고상한 외모' '단정한 양복 차림' '당신과 같은 신사' 등으로 폭도가 아닌 신사로 묘사했다. 결국 사바찐은 자신의 보고서에서 자신의 목숨을 구해 준 오카모토의 이름을 끝까지 언급하지 않았고, 황후를 비롯한 궁녀들의 죽음에 대해 증언하지 않았다.

사바찐은 베베르와의 불편한 관계 속에서 더 이상 러시아 공사관이 자신을 보호해 줄 수 없다고 판단했다.[7] 사바찐은 자신의 보고서에서 과거 자신에 대한 공사관의 부당한 태도를 언급하면서 베베르의 행위를 간접적으로 비난했다. 사바찐은, 공사관이 자신에게 적당한 직장을 소개할 수 없다는 통고 내용 및 러시아 공사관 건축에 관여한 자신에게 인건비 7%를 공사관이 지불하지 않았던 사실도 기록했다.[8]

신경이 더욱 예민해진 사바찐은 이러다가 암살당할지도 모른다는 공포감에 사로잡혔다.[9] 사바찐은 을미사변 조사를 위한 특별위원회의 심리를 피하고, 베베르와의 불편한 관계를 해소하기 위해서는 조선을 떠나는 것이 최선의 선택이라고 판단했다.[10]

얼마 후 사건이 잠잠해 지면 조선으로 다시 돌아올지도 모른다고 생각했다. 청국에서의 생활이 과연 여기보다 나을지 어떨지, 그것도 그에게는 확실하지 않았다. 사바찐이 도피를 갈망한 것은, 다만 살고 싶다는 한 가지 소망 때문이었을 것이다.

사바찐은 제물포에서 포함 까레이쯔(Кореец)를 타고 10월 23

일 즈프(芝罘)에 도착했다.[11] 사바찐은 즈프의 시웨(シーヴエー, 璽悅) 호텔에 머물면서 러시아 부영사 찜첸꼬(А.Н. Тимченко-Остров ерхов) 이외에는 아무도 만나지 않았고, 을미사변 관련 보고서를 작성하면서 호텔의 방안에 틀어박혔다.[12]

사바찐은 호텔 창가에 앉아서 자신의 처지를 한탄했을 것이다. 사람들은 불행에 처해서야 비로소 자신의 감정과 생각을 지배하기가 얼마나 힘든지 깨닫게 된다.

사바찐은 10월 30일 러시아 부영사에게 자신의 보고서를 전달하면서 북경 주재 러시아 공사 까쁘니스트(Д.А. Капнист)의 초청을 받아 출발한다며 보고했다.[13]

사바찐은 명성황후의 시해 과정을 목격했다. 명성황후 시해범을 둘러싸고 의견이 분분했다. 그럼에도 사바찐은 명성황후 시해의 책임자 규명 보다는 다급한 자신의 신변 안전이 우선이었다.

사람은 진실을 추구하다 두 발짝 앞으로 나가서는 한 발짝 물러난다. 고뇌와 과거와 삶의 권태가 그들을 뒤로 물러나게 한다. 그러나 진실에의 열망과 굽히지 않는 의지가 조금씩 앞으로 민다. 사바찐은 을미사변에 관한 진실을 그대로 묻을 수는 없다는 최소한의 양심으로 보고서를 작성했다. 사바찐은 즈프를 출발했다.

을미사변의 목격자 사바찐은 암살 위협에 시달렸고, 주한 러시아 공사관의 보호마저도 받을 수 없었다. 주한 러시아 공사관은 사바찐의 증언을 기초로 일본의 책임론을 부각시켜 조선에서 외교적 영향력을 강화하려고 노력했다. 주한 일본 공사관과 김홍집 내각은 을미사변의 진실을 은폐하기 위해서 사바찐을 회유하려고 시도했다. 을미사변의 진실을 둘러싼 각각의 이해관계가 첨예해지자 사바찐은 자신의 중립적인 태도를 더 이상 유지할 수 없었다. 사바찐은 조선을 둘러싼 복잡한 열강의 외교관계에서 한 인간의 생존 방법이 무엇일까를 고민했던 것으로 보인다. 한쪽에 기울어진 선택이 단기간에는 도움이 되지만 장기적으로 어려움을 줄 수 있기 때문이었다.

25장 사바찐의 행적

주한 러시아 공사관 입구

환영받지 못한 목격자 사바찐은 자신의 생명을 지키기 위해서 외국으로 도피하는 길을 선택했다. 신변의 위협을 느낀 사바찐은 10월 18일 오전 8시 30분 프랑스 함장 리베 일행과 함께 가마를 타고 제물포로 출발했다.

사바찐은 뮈텔 주교를 포함한 주변 사람들에게 말했다.

"텐진(天津)으로 떠나며 2달 후 다시 돌아올 것입니다."[1]

하지만 실제 사바찐의 도착지는 즈프였다.[2]

제물포에서 포함 까레이쯔(Кореец)에 몸을 실으며, 사바찐은 그 어느 것에 대해서도 걱정과 불만을 느끼지 않았을 것이다. 기나긴 도피에 대해서도, 기나긴 하루에 대해서도, 또다시 조선에 돌아갈 수 없다는 우울한 소식에 대해서도. 지금 그의 머릿속을 사로잡고 있는 것은, 어떻게 해서든지 살아보자는 생각뿐일 것이다.

사바찐은 즈프 출발을 결정하며 조선에서의 활동을 정리했다. 사바찐 부인 살리치(Лидия Христиановна Шалич)는 1895년 10월 24일 사바찐의 설계도를 손탁에게 전달해 줄 것을 뮈텔 주교에게 요청하였다. 살리치는 자신도 블라디보스톡으로 떠날 예정이라고 뮈텔에게 말했다.[3]

사바찐은 가족 이외에 누구도 믿을 수 없었다. 주변 사람들의 조언은 아무 소용이 없었다. 이 세상엔 많은 의견들이 있는데, 그 중 불행을 겪지 않은 사람들의 의견은 귀 기울일 필요가 없는 것이다. 사바찐은 자신의 행선지까지 주변 사람들에게 숨겼다. 생명의 위협은 자신을 도와준 사람의 은혜를 잊게 만들었다. 어제의 은혜는 깨끗하게 잊어버리고, 내일이면 또다시 방랑의 길을 떠날 것이다.

일본은 을미사변의 현장을 목격한 사바찐의 행적을 비밀리에 추적했다. 즈프 주재 일본 영사 히사미즈 사부로(久水三郞)는 자신이 인천에 근무할 때 사바찐과 친분이 있었다고 보고했다. 히사미즈는 1883년 인천 주재 영사 대리(領事代理)로 임명되었다. 원산 영사 대리를 거쳐서 청국 즈프 영사 대리를 역임하였다.[4] 히사미즈는 사바찐이 1895년 10월 30일 나가사키(長崎)를 거쳐 블라디보스톡를 항해하는 러시아 상선 블라지미르 호에 승선하였다는 첩보를 보냈다.[5]

사바찐은 배를 타고 출발하며 생각했을 것이다.

'나는 지금 현재라는 시간을 느끼면서 살고 있고, 이 현재는 내 삶을 가득 채우면서 흥분시키고 있다. 그러나 십년 후에 돌아올 때에는 나는 이미 이곳에서 지금의 날짜도, 달도, 심지어 연도도 기억할 수 있을까?'

그런데 몇 년간의 유랑 끝에 사바찐은 한국에 돌아올 수 있었다. 사바찐은 1899년 러시아 동청철도기선회사 인천지점장으로 임명되었다. 그는 1899년 11월 인천에 있는 독일 회사 세창양행 건물을 임대했다.[6] 사바찐은 러시아 함선 '슌가리'호를 활용하여 기선회사 업무를 개시하였다.[7]

사바찐은 1900년대 자신의 공식적인 업무를 수행했다.[8] 1900년

7월 러시아 운송선 '기린'호가 '감독 장교'를 대동하고 통신상의 임무를 띠고 인천에 정박했다. 사바찐은 '기린'호에 승선하여 러시아 외교관 게루벨과 함께 통신상의 보고서를 접수하였다.[9]

그뿐만이 아니었다. 사바찐은 1900년대 조선에서의 다양한 건축물을 설계했다. 그는 손탁 호텔(1901), 제물포 소재 러시아 영사 사저 건축(1902) 등을 설계했다.[10] 사바찐은 이미 인천 부두(1884), 세창양행 사택(1884), 인천 세관청사(1885), 경운궁의 중명전과 정관헌 등도 설계했다.

그중에서도 사바찐의 대표적인 건축물은 1890년 7월에 설계한 주한 러시아 공사관이었다.

러시아 공사관의 입구는 이중의 기둥으로 만들어진 아치형 회랑이었다. 아치에는 자물쇠 모형의 돌이 달린 홍예(虹霓, 7색 깔의 줄)가 있었다. 회랑의 기둥에는 벽감(壁龕, 움푹 파놓은 장식벽장)이 놓였다. 기둥 사이 윗부분 난간에는 꽃병조형물이 있었고, 꽃병조형물은 사자 얼굴이었다.[11]

아치형 회랑은 원래 고대 로마의 건축 양식이었다. 그 후 이탈리아 르네상스 양식은 아치형 회랑을 계승하였다. 이탈리아 르네상스 양식은 지붕 꼭대기에 난간을 따라 조각상을 세우는 것이 유행이었다.[12] 사바찐 건축의 특징은 이탈리아 르네상스 양식에 기초한 아치형 회랑이었다.

1902년 7월 사바찐은, 대한제국으로부터 3년간 강화도 화강암

채석 이권도 획득했다. 또한 그는 1906년 2월, 러일전쟁 당시 몰수당한 자신의 재산 3만2천 루블을 배상받을 수 있도록 러시아 외무부에 요청했다.[13] 사바찐의 청원서는 러시아 대외정책문서보관소에 보관되었다.[14] 그 후 사바찐은 1908년 2월에 러시아정부로부터 1천 루블을 보상받았다.[15]

사바찐과 그의 가족은 러일전쟁 직후 1904년 프랑스 순양함을 타고 인천에서 상하이로 철수했다. 그들은 거기서 다시 배편으로 이집트 항구 포트-사이드(Port Said)를 거쳐 우크라이나 항구 오데사(Одесса)로 귀환하였다.

1905년 포츠머스조약 체결 이후 사바찐과 그의 가족은 일본 나가사키에 도착했다. 그 후 사바찐은 러시아 블라디보스톡(Владивосток), 로스또프 나 돈누(Росто в-на-Дону) 등의 지역 능에서 활동하다가 1921년 사망했다.[16] 남긴 재산이 거의 없었던 사바찐은 사냥총, 제도용구, 사진기, 판화컬렉션 등의 물건들만 그의 아들 뾰뜨르에게 물려주었다.

26장 왕실의 위기 대응

고종과 순종(한미사진미술관 소장)

새벽 5시 45분, 추성문으로 들어온 일본 군대와 자객들은 5시 30분 건청궁의 곤녕합을 장악하고 5시 45분까지 왕비를 색출하기 위해서 필사적으로 움직였다. 당시 왕, 왕비, 왕세자, 왕세자비는 모두 함께 현장에 있었다. 고종은 전 군부고문 오카모토 류노스케, 오카모토의 통역 스즈키 쥰켄(鈴木順見), 영사관 순사 와타나베 다카지로(渡邊鷹次郞)가 곤녕합 마루로 올라오는 것을 목격했다. 그들은 고종이 보는 앞에서 왕비를 찾기 위해 곤녕합의 방에 침입했다.[1]

이날 새벽 고종은 경복궁 주변에 있는 일본 군대의 움직임을 포착했고 그 의도를 파악하려고 분주히 움직였다.

왕의 측근 하급 장교 '별군관(別軍官)' 2명은 새벽 2시를 넘어 시위대 연대장 현흥택에게 보고했다.

"약 200명의 일본 수비대가 광화문 앞 삼군부(三軍府)에 집결……."

현흥택은 신속히 궁궐 수비대인 시위대를 광화문 쪽으로 파견하여 진위를 조사할 것을 지시했다.[2]

일본 수비대와 조선 훈련대에 의해 대궐이 포위되자 현흥택 부령은 5시경 시위대(His M's Body-Guard)에게 대궐의 모든 지역에서 일본 수비대에 저항하라고 명령했다. 이와 동시에 추성문으로 달려간 현흥택은 이미 100명 이상의 일본 수비대와 조선 훈련대가 대궐 후원에 진입한 것을 확인했고, 대궐 북쪽의 문도 폐쇄할 것을 지시했다.[3]

현흥택(玄興澤, 1858~1924)은 1883년 미국에 파견된 사절단 보빙사(報聘使)의 수행원이었다. 그 후 현흥택은 사바찐을 포함한 러시아인과의 교류도 활발했던 인물이었다. 그는 고종과 명성황후의 측근 인물로 1895년 7월 시위대 연대장으로 임명되었다.[4]

시위대 1대대장 이학균(李學均)은 이미 4시 30분경 경복궁 북쪽인 계무문에서 망원경을 통해 추성문 주변의 침입자를 목격하자 곧바로 건청궁으로 달려갔다. 당시 고종은 경복궁의 북쪽에 위치한 건청궁에 있었고, 외국 공사들을 접견하는 장안당과 연결된 왕비의 숙소인 곤녕합에 머물렀다.

이학균은 곤녕합 주위를 분주하게 움직이는 시위대를 뒤로하고 고종에게 급박한 상황을 설명했다.

"왕비는 어디 계십니까?"

"왕비가 이미 안전한 곳에 있다."

"유혈 사태를 막기 위한 모든 조치를 취하라."

"시위대는 위급한 상황에서만 총을 발사하라."

위기사태를 파악한 고종은 이학균에게 당부했다.[5]

일본 군대가 경복궁 주변을 둘러쌓았다는 정보를 들은 고종은 즉시 관립 일어 학교 출신 궁내부 참리관(參理官, 통번역관) 전준기(全晙基)를 일본 공사관으로 급파해서 미우라 공사가 일본 군대를 해산시켜줄 것도 요청했다.[6]

대궐 내부의 긴급 조치를 실행한 고종은 궁내부협판 이범진에게 러시아와 미국 공사관에 도움을 요청하도록 지시했다. 이범진은 추성문과 영추문 사이의 담장 주변을 살펴보았지만 이미 군인들로 꽉 차 있는 것을 확인했다. 광화문으로 달려간 이범진은 이곳도 군인들에 의해 포위된 것을 파악했다. 이범진은 궁궐 동남쪽 모서리인 동십자각으로 향했고 경비가 소홀하다고 판단했다. 이범진은 보초를 서고 있는 2명의 일본 병사가 멀리 사라지기를 기다렸다가 4.5미터(15피트) 정도의 높이에서 뛰어내렸다.

대궐 담장이 높았기 때문에 다리를 접질렸다. 절뚝거리는 이범진의 얼굴은 붉게 상기되었다. 바람이 정면으로 불어오는데도 눈썹 하나 까딱하지 않고 뛸 수밖에 없는 급박한 상황이었다. 이범진은 미국과 러시아 공사관에 도착하자마자 현장의 다급한 상황을 설명했다.[7]

임오군란, 갑신정변 등의 정치적 격변을 겪었던 왕실은 이미 위기에 대처하는 시나리오를 갖고 있었다. 그것은 정변이 발생하면 고종은 왕비의 처소로 이동해서 왕비의 안전을 위한 조치를 실행하는 것이다.[8]

새벽 5시 30분경 일본 자객들이 곤녕합에 진입했다. 그들이 곤녕합 주변에 들어서자 고종은 침착히 곤녕합 방문을 열도록 지시했다. 고종은 곤녕합 마루의 한 복판에 서 있었다. 고종을 시중하는 환관들은 일본 자객들이 침입하는 순간 당황했다. 환관 중 한 명은 여기가 임금의 처소이고, 고종을 바라보며 임금이라는 사실을 자객들에게 알렸다.

고종은 모든 이목을 자신에게 집중시켜 왕비가 피할 시간을 주려고 했다. 하지만 한 일본 자객이 고종의 어깨를 끌어 잡았다. 일본 병사와 자객은 고종을 밀치고 곤녕합 방안으로 돌진했고, 총을 쏘면서 위협했다. 일본 자객은 고종이 지켜보는 가운데 방안에 있는 궁녀들을 폭행하기 시작했다.[9] 그 과정에서 고종은 두려움에 의식을 잠시 잃었다.[10]

새벽 5시 45분

27장 곤녕합, 사바찐의 목격

곤녕합(坤寧閤) 마루

사복을 입고 도검으로 무장한 일본 자객들 5~6명이 고종과 왕비의 처소에 돌진하는 순간, 궁내부대신 및 일부 시위대 소속 장교가 고종을 보호하려고 막았다.

자객들이 곤녕합 방에 침입하자 궁내부대신 이경직은 곤녕합의 방으로 뛰어갔다. 당시 곤녕합의 방에는 왕비를 비롯한 3명의 여인이 있었다. 이경직은 왕비를 구하기 위해서 자객들에게 두 팔을 높이 들었다. 이 순간 자객은 칼을 번쩍이면서 이경직의 두 팔을 잘랐다. 이경직은 피를 흘리면서 바닥에 쓰러졌다.

이경직이 방바닥을 뒹굴며 몸을 가누지 못하자 자객은 이경직을 옆방으로 옮겨서 짓밟았다. 이경직이 간신히 몸을 빼서 마루 끝으로 나아갈 즈음, 일본 자객은 고종이 보는 앞에서 이경직의 다리에 총을 쏘았고, 칼로 찔러 죽였다.[1]

두 팔이 잘려 피를 흘리던 이경직은 생각했을 것이다.

'행동하지 않는 사람은 다 비열한 인간인 거야. 만일 조선인이 비겁하게 도망가면, 그는 비열한 인간일 뿐이다.'

시위대 1대대장 이학균은 고종을 보호하기 위해서 주변의 시위대 병사와 함께 일본 자객을 공격했다. 그 순간 이학균은 누군가에 의해서 떠밀려 쓰러졌다. 쓰러지면서 이학균은 그들이 궁녀를 추격하며 살해하는 장면을 목격했다.[2] 어느새 의식을 찾아보니 이학균은 누워있는 자신을 발견하였다. 전투 현장을 누비며 늠름하게 부하들을 지휘하던 그였다. 서글펐을 것이다.

시위대 연대장 현흥택은 곤녕합 주변을 포위한 일본인 20여명을 목격했다. 현흥택은 칼을 소지한 유럽식 복장, 칼을 찬 일본인 복장, 총을 멘 일본 군대 복장 등의 일본인들을 목격했다. 5시 50분경 곤녕합에 들어간 현흥택은 시위대 군복을 입고 있었기 때문에 바로 자객들의 표적이 되었다.

"왕비는 어디 있느냐?"

일본 자객은 손을 묶은 상태에서 현흥택을 때리며 답변을 강요했다.[3]

"나는 시위대 현흥택이다."

"너희들이 나를 죽인다고 해도 난 왕비가 어디 계신지 모른다."

현흥택은 끝까지 저항했다.

고종 앞에서 현흥택이 끝까지 함구하자 일본 자객은 현흥택을 건청궁 주변에 있는 각감청으로 끌고 가서 또다시 왕비의 소재를 집요하게 추궁했다.[4]

현흥택은 반응했다. 고통에 대해 비명과 눈물로 대답했다. 비열함에 대해서는 분노로, 혐오스러운 것에 대해서는 구역질로 대답했다. 이것이 그의 삶의 선택이었다.

5시 50분경 한성신보 편집장 고바야카와는 건청궁에 도착했다. 곤녕합의 오른쪽 왕비의 거실 옥호루에 여인들의 시신이 안치된 것을 목격했다. 고바야카와를 비롯한 자객들은 그 중에 왕비의 시신이 있다는 것을 나중에 알게 되었다.[5]

"미닫이로 둘러싸인 방안에서 여인의 날카로운 비명이 등골이 오싹해지도록 처참하게 들려왔다."

고바야카와는 건청궁 곤녕합에 도착했던 순간을 기록했다.

곤녕합의 마루 옆의 침실에서는 일본 병사와 자객들이 뛰어다니고 있었다.[6]

두려움에 정신을 잠시 잃었던 고종은 곤녕합 마루에 환관의 호위를 받으며 앉아 있었다. 잠시 후 흰옷을 입은 여인들이 산 사람의 몰골이라고는 볼 수 없듯이 부들부들 떨면서 곤녕합 마루로 밀려 나왔다.

그 중에는 흰옷에 선지피의 핏발을 받아 얼굴에까지 핏방울이 튄 기품 있는 연소한 여인도 있었다. 그 여인은 왕세자비였다. 그 때 곤녕합 주변에는 왕비가 몸을 피해 숨어버렸다는 소식이 들렸다. 그 순간 한성신보 주필 구니토모(國友重章)는 피를 뒤집어 쓴 왕세자비를 붙잡고 칼날을 가슴에 겨누었다.

"왕비가 있는 곳을 말해라. 그렇지 않으면 너를 죽이겠다!"

구니토모는 일본어로 위협했다.

왕세자비는 너무 화가 나서 심지어 울고 싶기까지 했다. 무슨 덩어리 같은 것이 가슴에 얹혀서 계속 목구멍으로 치밀어 오르는 것 같았다.

"아이고!"

왕세자비는 단지 신음 소리를 낼 수밖에 없었다.[7]

왕비가 어디론가 숨었다는 소식에 곤녕합 주변이 더욱 소란해졌다. 다급해진 일본 군인과 자객들은 무기를 들고 건청궁 주변의 빈 방들을 샅샅이 뒤졌다. 그 중 일부는 시위대가 버리고 간 총을 이용하여 닫힌 문짝을 부수었다. 다른 일부는 곤녕합 마루 밑으로 들어가서 왕비를 찾았다. 6시까지 일본 군인과 자객들은 혈안이 되어서 건청궁의 여기저기를 수색했다.[8]

일본 군인과 자객들은 지칠 대로 지치고 숨결마저 거칠어 갔다. 이 모든 것이 한 여인을 찾아 죽이기 위한 것이다. 자신의 나라도 아닌 남의 나라 국모를 살해하기 위해서!

사바찐은 그 현장을 생생히 목격하고 있었다. 다른 사람의 명령을 기다릴 필요 없이 사바찐은 곤녕합 난간에서 신속히 벗어날 수 있는 방법을 찾기 시작했다.

사바찐은 살고자하는 본능 때문에 자신의 목격을 모두 증언할 수 없었다. 하지만 그는 비겁한 자신의 행동을 용서할 수 없었다. 그는 생사를 넘나든 을미사변의 하루를 끝내 외면할 수 없었다. 사바찐은 즈프에서 기억의 편린을 복원하는 보고서 작성에 매달렸다. 보고서 완성의 순간 비밀의 방이 사바찐의 마음속에 꿈틀거렸다. 그 방문을 열려는 순간 사바찐은 또다시 본능적으로 그 비밀의 방에 자신을 숨겼다.

'높이 샘솟는 분수가 눈물처럼 흘러내리듯 내 마음 속에 가눌 수 없는 슬픔이 있다. 분수의 물보라가 다시 속삭이듯 나의 슬픔이여 기쁨이 되어다오.'

새벽 5시 45분
28장 명성황후 시해 현장

진실의 추구란 가면을 꿰뚫고 그 너머를 들여다보려는 노력이다. 진실이란 사물의 감추어졌던 어떤 모습 혹은 사람들이 미처 인식하고 있지 못한 사실의 순간적인 드러남을 뜻한다. 그만큼 진실까지 도달하는 과정은 지난하다.

그동안 명성황후의 시해 과정과 시해범 등의 논란이 끊임없이 진행되었다. 그 논란의 중심에 일본 자객이 존재했다. 그것은 일본 정부의 조선 식민지정책 및 왕비 살해 책임 등의 본질을 흐릿하게 만들었다. 한국인조차도 명성황후 시해 사건을 '여우사냥'으로 풍자하려는 일본의 의도에 말려든 것이다.

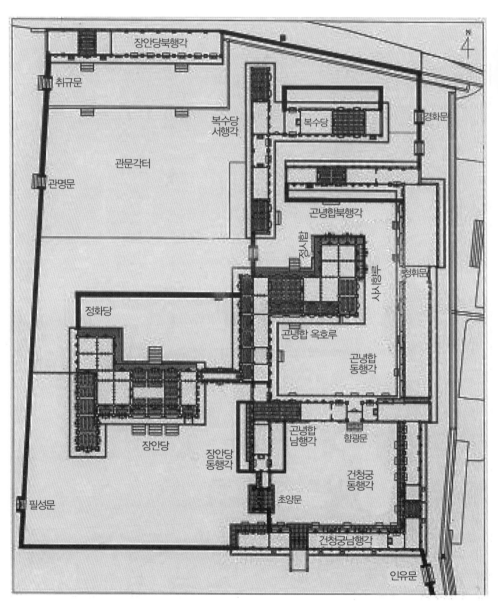

건청궁 내부 (유홍준 그림)

명성황후의 시해범 및 시해 장소는 재판 판결문, 공사관 보고서, 증언들마다 조금씩 다르게 기록되었다.

조선의 문서는 1896년 2월 11일 아관파천 전후의 내용이 달랐다.

을미사변 직후 고등재판소는 1895년 11월 다음과 같이 판결했다.

"피고인 박선(朴銑)이 손으로 머리채를 휘어잡고 난간 끝까지 끌고 가서는 검으로 가슴을 찌른 후 검은 빛깔의 천으로 말아서 석유를 붓고는 불태워 버렸다."[1]

그 결과 을미사변 관련 일본인들은 무죄로 풀어났다. 엉뚱하게도 박선을 포함한 조선인 3명은 교수형이 집행되어 형장의 이슬로 사라졌다.

아관파천 이후 1896년 4월 고등재판소는 일본 병사들과 자객들이 경복궁을 침입했다는 '8월 사변 보고서'를 작성했다.

"그 자객이 각방(各房)에 심멱(尋覓)하더니, 필경에 황후폐하를 초심(稍淡)한 방에 피하시려는 처(處)에서 심출(尋出)하여 도인(刀刃)으로 작하(斫下)였는데, 당상에는 피살(被殺)되신 줄은 정영(丁寧)치 못하였으나……."[2]

1897년 11월 명성황후의 행적 관련 문서를 살펴보면 다음과 같다.

"곤녕전 합문(閤門, 곤녕합 건물안 출입문)에서 묘시(卯時, 새벽 5~7시)에 세상을 떠났다."[3]

아관파천 이후 명성황후 시해범은 '일본 자객', 시해 장소는 '초심한 방' 곤녕합 합문'으로 기록되었다.

을미사변 직후 일본은 지금까지 자국의 개입을 부정하며 명성황후 시해 사건을 덮으려 하였다. 명성황후 시해의 배후로 대원군, 명성황후 시해범으로 일본 자객이 설정되었다. 히로시마 재판소도 대원군과 일본 자객의 역할만 상세히 조사하였다. 아관파천 직후 조선은 히로시마 재판소의 자료에 휘둘려, 명성황후 시해의 직접적인 인물이 일본 민간인이 아닌 관료라는 사실까지 의심하지 못했다. 결국 8월 사변 보고서는 미우라 공사를 비롯한 일본 공사관의 역할을 발굴하는 수준에 머물렀다.

당시 주한 외교관과 교류가 활발했던 뮈텔 주교는 왕비가 왕세자비의 거처인 '복수당'으로 피신했고, 왕비를 포함한 3명의 궁녀가 안에서 빗장을 질렀고, 왕비가 일본 자객들에게 당당하게 왕비라는 사실을 밝혔다고 기록했다.[4]

뮈텔은 '복수당'을 주목했다. 하지만 뮈텔의 기록은 사실과 거리가 있어 보인다. 왜냐하면 빗장을 질렀다는 사실은 오히려 자객들의 침입을 유도하는 행동이고, 신변의 위협에 처한 왕비가 자신의 신분을 알렸을 가능성이 매우 낮기 때문이다.

주한 외국 공사관 문서에는 조선의 문서보다 조금 더 상세하게 당시 상황이 묘사되었다.

주한 미국 공사 대리 알렌은 증언을 토대로 기록했다.

"소동에 놀란 왕비와 그녀의 궁녀들이 왕비의 방에 집결했다. 공포에 질린 왕비를 포함한 궁녀들은 자신들이 단지 거기를 찾아온 방문객일 뿐이라고 말했다. 한 일본인이 왕비를 내동댕이치고, 발로 가슴을 세 번이나 내리 짓밟고, 칼로 찔렀다. 세 명의 다른 궁녀들도 동시에 살해되었다."[5]

주한 러시아 공사 베베르는 보다 구체적으로 기록했다.

"일본인들은 여인들의 방으로 들어갔지만 왕비의 얼굴을 알지 못했다. 그래서 그들은 제멋대로 짐작하여 비무장한 궁중 여인들을 죽였다. 궁중 여인들은 명성황후와 비슷한 연령대였다."[6]

"일본인들은 왕비와 궁녀들이 머물고 있던 방에 돌진했다. 왕비와 궁녀는 모두 왕비가 여기 없다고 대답했다. 왕비는 복도를 따라 도망쳤고, 그 뒤를 한 일본인이 쫓아가 그녀를 붙잡았다. 그는 왕비를 바닥으로 밀어 넘어뜨리고, 그녀의 가슴으로 뛰어들어, 발로 세 번 짓밟고, 칼로 찔러서 죽였다."[7]

주한 영국 총영사 힐리어도 기록했다.

"왕비와 궁녀는 그들의 침실로부터 나왔고, 도망쳐 숨을 준비를 했다. 왕비는 복도 아래로 달렸지만, 쫓겨 쓰러졌다. 살해범은 그녀의 가슴 위에서 여러 차례 뛰었고, 반복적으로 칼로 그녀를 찔렀다. 이때 왕비와 닮아 보이는 여러 명의 궁녀가 죽었다."[8]

서울 주재 일본 영사 우치다(內田定槌)는 기록했다.

"후궁(後宮)으로 밀어닥친 일본인들은 여러 명의 궁녀가 안에 숨어 있는 것을 발견했다. 왕비의 거실이라고 판단하여 곧장 칼을 휘두르며 실내로 난입했다. 궁녀들은 당황하여 어쩔 줄 몰라 울부짖으며 도망쳐 숨으려고 했다. 일본인들은 모조리 붙잡아서 그 중 복장이나 용모가 아름다워 왕비라고 생각되는 3명의 여인들을 찔러 죽였다."9

상대적으로 풍부한 정보를 접할 수 있는 주한 외교관들은 일본 자객들의 곤녕합 침입 당시 왕비의 위치를 기록했다.

'왕비의 방', '여인 건물', '왕비와 궁녀가 머무는 방', '왕비와 궁녀의 침실 밖', '왕비의 거실' 등이었다.

주한 외교관들은 왕비의 위치에 관해서 대체로 '정시합'과 '곤녕합'을 지목했다. 주한 외교관들은 왕비의 시해 장소에 대해서 다음과 같이 기록했다.

'왕비의 방 또는 거실', '왕비와 궁녀들이 머물러 있는 방', '복도 아래' 등이었다.

주한 외교관은 자객들이 '곤녕합 또는 정시합에서 왕비를 살해했거나, 왕비가 '곤녕합에서 정시합' 또는 '정시합에서 곤녕합' 방향으로 달려가다 살해당했을 가능성 등을 제기했다.

주한 미국 공사 대리 알렌은 1896년 3월 고등재판소의 현장조사 직후 본국 정부에 보고했다.

"살해범들이 왕비를 16피트 길이, 8피트 넓이, 7피트 높이의 조그마한 방인 옥호루에서 구금하고 그녀를 죽였다."10

왕비 살해 직후 곤녕합에 도착한 고바야카와는 왕비가 건청궁 맨 동쪽 끝에 있는 방안 즉 옥호루에 있었고, 왕비가 '옥호루'에서 살해되었다고 주장했다.[11]

알렌과 고바야카와는 자객들의 곤녕합 침입 당시 왕비의 위치 및 살해 장소를 '곤녕합 또는 정시합'이 아니라 '옥호루'라고 주장했다.[12]

각종 증언과 문서를 살펴보면 최소한 '옥호루'에 왕비의 시신이 안치되었다는 사실은 일치했다.

그렇지만 다양한 주한 외교관의 기록을 무시하고 왕비의 시해 장소를 '옥호루'라고 단정하기는 어렵다.

주한 외교관의 기록 중 '복도'를 주목할 필요가 있다. 곤녕합과 정시합에서 복도라고 불릴만한 장소는 건청궁과 연결되는 '복도'가 유일하다.

1895년 12월 우치다 영사는 경복궁 현장조사에 기초하여 명성황후의 시해 장소에 대한 보고서를 현장지도와 함께 일본 외무성에 제출했다.[13]

"왕비는 건청궁 장안당 내부 오른쪽 끝에서 습격을 받았고, 장안당 외부 오른쪽 끝으로 끌려가서 살해되었다. 왕비의 사체가 일단 옥호루 내부 안으로 옮겨졌고, 쪽문으로 끌어내어 녹산에서 소각되어 그 부근에 매장되었다."[14]

결국 우치다 영사는 을미사변 당시 증언 및 현장 방문에 기초하여 명성황후의 시해 장소를 장안당 오른 끝 지점 내부와 외부라고 기록했다. 우치다 영사의 기록은 주변 정황과 현장조사 등에 기초한 보고서이므로 명성황후 시해 장소에 대한 핵심 자료 중 하나였다.

그런데 사바찐은 건청궁을 빠져나오면서 장안당 주변에서 일본 장교와 조선 관료들을 목격했다. 그만큼 장안당 안팎에는 현장을 목격할 수 있는 사람이 많았다. 따라서 장안당 안팎에서 명성황후가 살해당할 가능성은 매우 적다.

그럼에도 우치다 영사의 주장은 명성황후가 '정시합에서 장안당까지 도피했다'는 사실을 알려주었다. 장안당 오른쪽 끝 지점은 장안당과 곤령함을 연결하는 복도 바로 옆쪽이었다. 복도 주변은 가장 사람들의 시선을 피할 수 있는 최적의 장소였다.

일본 자객들이 건청궁에 침입하자 정시합에 머물던 왕비는 궁녀 복장으로 위장하고 곤녕합 침실로 궁녀 3명과 함께 이동하여 자신을 은폐했다.

자객들이 곤녕합 침실로 들어와 3명의 여인에게 소리치며 다그쳤다.

"왕비는 어디 있나? 너희는 누구냐?"

그 자리에서 왕비를 포함한 모든 여인들은 답변했다.

"우리는 궁궐을 찾아온 방문객입니다."[15]

그때 이경직은 곤녕합 침실로 들어갔고 왕비의 바로 앞에서 이경직의 두 팔이 잘렸다.

명성황후는 순간적으로 위기의식을 느끼고 곤녕합 침실에서 건청궁 복도를 향해 도망쳤다.[16]

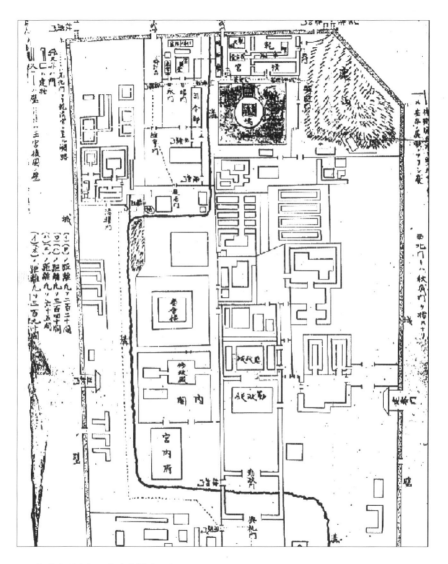

우치다 영사가 그린 시해 현장도면

그 순간 고종은 주한 일본 영사관 순사 와타나베가 칼을 뽑아 들고 왕비에게 달려가는 것을 목격했다.[17]

고종과 왕세자는 그 이상 왕비의 최후를 목격할 수 없었다. 고종은 일본 자객들에 붙잡혀 옷이 찢겨졌고, 두려움에 잠시 의식을 잃었다.[18]

왕세자는 달려드는 일본인 3명 중 한명에게 옷이 잡혀 찢겨지고, 다른 한명에게 상투를 잡혔다. 자객은 왕세자에게 왕비의 거처를 물어보면서 왕세자의 의관을 찢었다. 또 다른 자객은 왕세자의 목과 턱 사이를 칼등으로 강하게 내리쳤고 왕세자는 기절해서 넘어졌다.[19] 잠시 후 의식을 회복한 왕세자는 고종에게 달려가 합류해서 신변의 안전을 보전할 수 있었다.[20]

29장 명성황후 시해범 추적

奉納品名

忠吉ノ太刀

明治四十一年 二月 念七 日奉納

奉納者住所氏名

藤 勝顯

等尺量質性状
銘ニ肥前国住人忠吉作八字
鞘ニ一瞬電光刺老狐 夢庵謹誌トアリ
博多一流目釘穴一 長二尺三寸二分 全長三尺 目方二百五匁

現品所在 神庫

일본 자객 후지 가쓰아키의 일본도 봉납품명 – 메이지 41년(1908년) 2월 현재까지 왕비의 시해범으로 추정되는 인물은 여러 명이었다. 민간인 나카무라 다테오(中村楯雄), 후지 가쓰아키(藤勝顯), 타나카 겐도(田中賢道), 데라자키 다이키치(寺崎泰吉) 등으로 압축되었다. 그동안 왕비의 시해범은 일본 장교와 경찰 보다는 일본 자객으로 파악되었다. 일본 관료가 왕비를 살해했을 때 미치는 외교적 파장이 너무 크기 때문이다.

아관파천 이후 고종은 1896년 9월 정부대신을 만난 자리에서 을미사변 관련자 처벌에 대한 강한 집념을 보여주었다.

"외국으로 도망친 잔당들은 아직도 잡지 못하고, 나라의 법을 적용하지 못했으니 더없이 원통한 일이다."[1]

고종은 관련자 처벌의 대상을 조선인뿐만 아니라 일본인까지 포함시켰다. 고종은 명성황후 시해에 직접 개입한 일본인들을 추적하도록 궁내부 관료에게 지시했다.

궁내부 소속 회계원 출납과장을 역임한 이명상(李明翔)은 1896년 9월 고종의 밀지를 받았다. 이명상은 을미사변 관련자의 추적과 암살을 목적으로 그의 부하 한철하(韓哲夏)와 윤상필(尹相弼)을 일본에 파견시켰다.[2]

그런데 일본에서 을미사변 관련자 권형진이 그들의 목적을 파악하고 밀지의 위임장을 빼앗으려고 시도했다. 그러자 이명상은 10월 15일 류우세이마루(隆盛丸)를 타고 서둘러 귀국했다.

자신의 임무가 실패로 돌아가자 이명상은 다른 방안을 고심했다. 그런데 이명상은 그의 부하 한철하와 친분이 있는 일본 순사 와타나베(渡邊鷹次郎)가 귀국한다는 소식을 들었다. 와타나베의 귀국 이유는 아버지의 병환 때문이었다. 이명상은 와타나베를 이용한 을미사변 관련자 처벌 계획을 세웠다. 이명상은 한철하의 주선으로 와타나베를 만나서 은밀히 상의했다.

두 사람의 대화 내용을 살펴보면 궁내부가 추적하는 일본인이 드러났다. 바로 구마모토현(熊本縣) 사족(士族) 나카무라(中村哲雄)와 후쿠시마현(福島縣) 사족(士族) 후지(藤勝顯)였다.[3]

주한 인천 영사 이시이(石井菊次郎)는 이명상에게 왕비 시해의 '하수인'을 파악할 수 있도록 도와준 인물을 사사키(佐佐木留藏)로 추정했다.

사사키는 1895년 7월 박영효 역모사건 당시 한재익(韓在益)에게 밀고하여 1,000원(圓)의 상금을 받았다. 사사키는 1896년 동경에 거주하는 박영효의 부정적인 행동까지 일본 신문에 투고했다. 1896년 9월 한재익의 조카 한철하는 일본에서 이명상과 함께 사사키를 만났다. 그 자리에서 사사키는 1896년 9월 명성황후 시해범 처벌을 위한 일본인 '장사(壯士)' 고용 등에 적극적으로 협조할 것을 약속했다.[4]

10월 15일 귀국한 이명상은 나카무라와 후지를 조선으로 유인하도록 와타나베에게 제안했다.

그 자리에서 와타나베는 강한 자신감을 피력했다.

"일본에서 연행할 수 있소."

그러자 이명상은 그 대가로 와타나베에게 '1만원(圓)의 보수' 및 '경무청 고문관' 초빙을 제의했다. 또한 이명상은 왕비를 살해한 주모자가 '박영효, 유길준과 권형진'이라고 언급했고, 3명을 제거하는 비용으로 1인당 1만원 지불을 약속했다. 그 자리에서 이명상은 와타나베가 적극적으로 협조할 것을 약속하자 와타나베와 의형제까지 맺었다.[5]

10월 20일 이명상은 와타나베에게 나카무라와 후지를 유인할 여비 '400원(圓)'을 그의 부하 박선조를 통해서 제공했다.[6] 을미사변 이후 시해범 추적 과정에서 원하든, 원치 않든 와타나베는 그렇게 연루되었다.

그동안 발굴된 일본 측 사료를 살펴보면 '하수인'이 나카무라와 후지, 데라자키 등으로 추정되었다. 그런데 주한 인천 영사 이시이는 일본인조차도 왕비를 직접 시해한 '하수인'을 정확하게 알지 못한다고 언급했다.[7] 그 이유는 '하수인'의 발설은 일본의 책임 소재와 직접적으로 연결된 매우 민감한 문제였기 때문이었다. 현장에 있었던 고종과 왕세자도 침입자의 방해 때문에 왕비의 죽음을 직접 목격하지 못했다고 증언했다.

여기서 주목할 점은 고종이 밀지를 내려 을미사변 관련 조선인과 일본인을 동시에 추적했다는 사실이다. 조선인 중 '박영효, 유길준과 권형진' 등이, 일본인 중 '나카무라와 후지' 등이 초점이었다.

그런데 고종의 밀사 이명상은 왜 그 많은 일본인 중 순사 와타나베와 접촉했을까? 하필 을미사변 관련 1895년 일본으로 강제 출국되었다가 1896년 다시 한국으로 돌아온 와타나베를? 더구나 와타나베는 왕과 왕세자의 증언에서 마지막으로 왕비를 복도에서 뒤쫓은 인물이었다.

와타나베는 1849년 치바현(千葉縣) 히가시카쯔시카군(東葛飾郡) 후쿠다정(福田町)에서 출생했다. 그는 1877년 세이난 전쟁(西南戰爭) 때 소모대(召募隊)에 지원 출정했다.

와타나베는 1882년 주한 일본 공사관 순사로 소속되었고, 1898년 경부로 승진했다. 그는 한일병합 이후 1910년 10월 조선총독부 통역관 겸 조선총독부 경무총감부(警務總監部) 고등경찰과(高等警察課) 경시(警視)에 임명되었다.[8]

와타나베는 1895년 10월 30일 서기관 스기무라와 함께 을미사변 관련 '퇴한자(退韓者)' 명단에 포함된 인물이었다.[9] 한국어에 능통한 순사 와타나베는 1894년 6월 대원군을 방문하여 대원군의 의중을 파악할 정도로 정보 수집에 능통한 인물이었다.[10] 을미사변 이후 일본에 소환된 와타나베는 아관파천 이후 또다시 주한 일본 공사관 순사로 소속되었다. 그 후 그는 1896년 9월 을미사변 관련 일본인을 소환하자는 이명상의 제안을 수락했지만, 실제 주한 인천 영사 이시이에게 모든 사실을 보고했다.[11]

1900년 5월 30일 경부 와타나베는 울릉도 산림조사를 위해서 주한 부산 영사관보 아카쓰카(赤塚正助)를 수행했다. 내부의 시찰관 (視察官) 우용정(禹用鼎)도 부산에서 5월 30일 감리서 주사 김면수 (金冕秀), 부산 해관 세무사 영국인 라포르트(E. Laporte) 함께 창용 환(蒼龍丸)에 탑승하여 5월 31일 울릉도에 도착했다. 이들은 6월 1 일부터 5일간 울릉도에 대한 일본인들의 불법 침입과 삼림 벌채에 관한 공동조사를 진행했다.[12]

그 밖에 와타나베는 1900년대 조선의 정치와 경제 관련 정보 를 수집하여 활발히 주한 일본 공사관에 보고했다.[13] 와타나베는 1903년 9월 영남철도(嶺南鐵道) 부설권 획득과 관련하여 조선인과 의 협상을 전담했다. 그 과정에서 와타나베는 "분주히 내왕하여 차 대(車代) 기타 많은 개인 비용"을 지출했다. 당시 주한 일본 공사 하 야시는 와타나베에게 '자신의 기밀금 중 100원(圓)'을 지불했고, 와 타나베의 '1등급 승진'까지 제안했다.[14]

여기서 주목할 점은 와타나베가 일본 공사관의 목적을 달성하 기 위해서 '개인지출'을 사용했다는 점이다.

그만큼 와타나베는 능통한 한국어를 바탕으로 조선과 일본을 오고가는 첩자의 역할을 충실히 수행한 인물이었다. 그는 을미사 변 관련자로 조선에서 추방되었다. 하지만 그는 궁내부 관료와 정 보를 상호 교환할 만큼 을미사변에 관련된 자신의 행동을 철저하 게 숨겼다. 더구나 그는 을미사변 이전 평범한 순사의 신분에서 일 본의 한국 강제병합 직후 경찰 수뇌부 경시(警視, 현재 총경)로 승진했다. 무엇보다도 고종과 순종이 명성황후 시해 현장에서 마지막으로 목격한 인물이 바로 와타나베였다.

조선 경무청 촉탁의사 사세(佐瀨態鐵)는 긴박한 왕비의 살해 현장을 전했다.

"왕비는 위해를 받게 되자 하늘을 향해 '후-우, 후-우' 하며 숨을 몰아쉬니 이때가 칼을 휘두를 때였다."[15]

한성신문사 편집장 고바야카와는 왕비의 사망 원인을 기록했다.

"이마 위에 교차된 두 개의 칼날 자국이다."[16]

주한 외교관은 대체로 왕비의 시해 과정을 이렇게 묘사했다.

"일본 자객들 중 한명이 도망치는 왕비를 바닥으로 밀어 넘어뜨렸다. 발로 가슴을 세 번이나 내리 짓밟고, 칼로 찔러 죽였다."

그리고 그 일본 자객은 일본순사 와타나베 다카지로임이 틀림없었다.

새벽 6시
30장 명성황후의 인내심

명성황후 (권오창 화백 그림)

새벽 6시. 주위는 아직도 어둠침침하다. 잠시 후 동녘 하늘이 어렴풋이 밝아 오기 시작했다. 멀리 어둠사이로 검푸른 하늘이 보였다. 하늘 위는 검은 어둠이지만 끝자락은 하얀 빛이 엿보였다. 점차 짙게 퍼진 검은 하늘이 가운데로 몰리고 검파란 하늘이 지평선에서 하얀 기운을 가져왔다. 점차 지평선 끝자락에 붉은 띠가 슬며시 나타났다. 근처의 윤곽이 보이기 시작하며 저 멀리 빨간 색채가 희미하게 나타났다.

사바찐은 곤녕합에서 빠져나오면서 건청궁을 바라보았다. 어두웠지만 현장이 자신의 눈 속에 나타나고 있었다. 사바찐은 아직 젊었지만 이미 왜곡된 자신의 인생에서 결핍을 보았다. 사바찐은 새벽의 어둠 속에서 여러 형상들을 분간했고, 그 중 명성황후의 모습이 또렷했다.

명성황후 민씨는 1851년 경기 여주에서 민치록(閔致祿)의 딸로 태어났다. 그 후 1866년 왕비로 선택되어 운현궁에서 예식(嘉禮)을 치렀다. 그녀에게는 4남 1녀가 있었지만 1874년에 태어난 왕세자(순종)만이 생존했다.[1] 명성황후를 직접 만난 서양인들은 명성황후의 외모에 호감을 표시했다.

서양인 고문관 묄렌도르프 부인에 따르면 "왕비는 극히 호감을 주는 인상이었으며, 매력적이고 퍽 섬세하며 온정이 가득한 모습이며 지적이기도 했다."[2]

선교사 언더우드 부인에 따르면 "명성황후는 약간 창백한 피부에 가냘픈 몸매를 지녔고, 어느 정도 뚜렷한 얼굴과 날카로운 눈을 소유했다."[3]

영국 여행가 비숍 여사에 따르면 "명성황후는 우아한 자태에 늘 씬한 여성이었다. 머리카락은 반짝반짝 윤기 나는 칠흑 같은 흑발이었고 피부는 너무도 투명하여 진주 빛 가루를 뿌린 듯 했다. 눈빛은 차갑고 날카로우며 예지가 빛나는 표정이었다."[4]

명성황후는 투명한 피부, 가냘픈 몸매, 윤기 나는 검은색 머리카락, 뚜렷한 얼굴과 날카로운 눈을 소유했다.

언더우드 부인, 비숍 여사, 푸트 부인 등은 명성황후를 지적이며 매력적인 인물로 평가했다.

언더우드 부인은 "지적이고 강한 성격이 그 얼굴에서 엿보였다. 쾌활성, 순수성, 기지, 이 모든 그녀의 성격이 주변사람에게 훨씬 크고 놀라운 매력을 주었다."[5]

비숍 여사는 "왕비의 사려 깊은 친절, 특별한 지적 능력, 통역이 있음에도 불구하고 느껴지는 놀랄만한 말솜씨, 왕 뿐만 아니라 많은 사람들을 지휘하는 통치력을 충분히 이해하게 되었다."[6] 초대 주한 미국 공사 푸트(L.H. Foote) 부인은 명성황후가 '위압적인 자세와 꿰뚫어보는 눈'을 소유했다며 강한 카리스마를 내뿜는 명성황후를 기억했다.[7]

명성황후는 명석한 두뇌, 신중한 성격, 본능적인 직감을 지녔다.[8] 그리고 그녀는 기억력도 비상했고, 독서를 즐겼으며, 결단성도 갖추었다.

그녀의 행적을 기록한 문서를 살펴보면 명성황후의 성격을 짐작할 수 있었다.

"글을 배울 때 두세 번만 읽으면 암송했다."

"책 읽은 것을 좋아하여 역대의 정사에 대한 옳고 그른 것을 마치 손바닥을 보듯이 알았다."

"소학(小學), 효경(孝經), 여훈(女訓) 등의 책을 공부하는데 밤이 깊도록 손에서 놓지 않았다."

"옳고 그른 것을 밝혀내는 데는 과단성이 있어서 마치 못과 쇠를 쪼개는 듯이 했다."9

명성황후는 고종의 조언자와 후원자의 역할을 충실히 수행했다.10

"경서와 역사를 널리 알고 옛 규례에 익숙하여 나를 도와주고 안을 다스리는데 유익한 것이 많았다."

고종은 위기에 대처하는 명성황후의 판단력을 높이 평가했다.

"사변에 대처해서는 정상적인 방도와 임시변통을 잘 배합했다."11

"일찍이 왕비가 말한 것마다 모두 들어맞았다."

명성황후는 정치와 외교 분야의 현안문제에 간접적으로 개입했다.

"짐이 근심하고 경계하는 것이 있으면 대책을 세워 풀어주었다."

"심지어 교섭하는 문제가 제기되었을 때는 나를 권해서 먼 곳을 먼저 안정시키도록 했다."

고종은 1882년 임오군란 당시 위기 상황에 대처하는 명성황후의 생명력도 인정했다.

"임오군란 당시 왕비는 온화한 태도로 임기응변으로 목숨을 보존했다."

고종은 1884년 갑신정변 당시 명성황후의 정치적 결단력과 결집력까지 높이 평가했다.

"갑신정변 당시 역적 박영효를 타일러 그 음모를 좌절시켰다."

"왕비가 성의 동쪽에 피해 있으면서 대왕대비(神貞翼王后)를 호위하고 세자를 보호하였는데 시종한 사람들이 한 명도 흩어져 가지 않았다."

명성황후는 1894년 갑오개혁 이후 출범한 김홍집 내각과 정치적으로 대립했다.

명성황후는 김홍집 내각에 관해서 '역적'과 '흉악'이라는 극단적인 용어까지 사용했다.

"여러 역적들이 이미 하늘과 귀신에게 죄를 지었으니 죄가 크다."

"흉악한 무리들의 악한 행동이 이미 차고 넘쳤다."[12]

주한 일본 공사 이노우에는 1895년 8월 명성황후의 정세 인식을 본국 정부에 보고하였다.

명성황후는 1876년 조선의 개항 세력을 언급했다.

"근대 조선과 일본의 수교 과정은 민승호, 민규호, 민창식 등의 민씨 가문이 주도한 것이다."

명성황후는 1882년 임오군란을 규정했다.

"대원군이 1876년 개항에 대한 증오로 병사를 선동해 왕궁을 포위하여 명성황후 자신을 제거하려는 계획이었다."

"대원군의 청국 납치는 민영익과 조영하의 계획이었다."

명성황후는 대원군의 청국 납치에 대해서 민영익이 국난을 우려하여 주도한 행동이라고 주장했다.

명성황후는 1894년 청일전쟁 이후 구성된 김홍집 내각을 평가하였다.

"내각의 권력은 항상 군주를 억압하고, 모든 정무는 내각이 전권을 휘둘러, 군주는 다만 그 주문에 따라 재가하지 않으면 안 되었다는 것이 실로 오늘까지의 모습이었다."[13]

명성황후는 정치적으로 일본과 대원군이 연결되는 것을 경계하며, 왕실의 권한이 약화되는 상황을 비판적으로 바라보았다.

명성황후는 1882년 임오군란, 1884년 갑신정변 등 반정부 세력이 정부를 뒤엎으려는 혁명의 상황에서도 살아남았다. 그녀는 모든 어려움을 해결한 후 잠시 상실한 권력을 다시 회복하는 인내심을 보여주었다.[14]

어느 때와 무슨 일을 물을 것 없이 진실은 살아남고 거짓은 소멸하였다. 강산이 변해도 조선 사람의 마음속에 흐르고 있는 것이 바로 인내심이었다.[15] 누구나 다 있지만 누구나 지키기 어려운 그 인내심을 명성황후는 소유했다.

31장 명성황후의 반일 정책

　사건이 발생한 10월 7일 밤 궁궐에서는 민영준이 궁중에 등용된 것을 축하하는 성대한 잔치가 벌어졌다.

　민영준은 민비 가문의 핵심인물로 1894년 동학농민운동이 일어났을 당시 선혜당상(宣惠堂上) 및 통위사(統衛使)였다. 그는 동학농민운동 직후 중국 대표 원세개에게 군사적 지원을 요청했다. 그 뒤 갑오개혁으로 민비 가문과 함께 실각하고, 부정과 부패로 전라남도 영광군 임자도에 유배되었다. 이후 그는 유배지에서 탈출하여 청국으로 도망갔다. 1895년 일본은 대원군의 손자 이준용의 교환 조건 형식으로 민영준을 귀국시켰다.[1]

РОССІЙСКОЕ
ИМПЕРАТОРСКОЕ
ВИЦЕ-КОНСУЛЬСТВО
ВЪ ЧИФУ.

20 Октября 1895 г.

№ 202

АВПРИ 150-493-6- 121-134

Весьма интересно. 121

Литографировать

19 Декабря 1895

Милостивый Государь

Графъ Дмитрій Александровичъ,

11го сего Октября въ Чифу прибылъ на канонерской лодкѣ „Кореецъ", пришедшей сюда изъ Чемульпо, нѣкій Г. Серединъ-Сабатинъ, русскій подданный, унтеръ мореходныхъ классовъ по образованію. — Г. Серединъ-Сабатинъ прожилъ въ Кореѣ 12 лѣтъ и находясь послѣднее время на службѣ Корейскаго Правительства въ качествѣ тѣлохранителя Короля или лучше сказать дворцоваго сторожа, былъ очевидцемъ рѣзни, произведенной въ Сеулѣ 26 Сентября / 8 Октября сего года японцами и корейскими солдатами.

Въ виду заявленій Г. Середина-Сабатина, что до сихъ поръ имъ никому не былъ представленъ письменный отчетъ о настоящихъ событіяхъ, я предложилъ ему составить описаніе упомянутыхъ Сеульскихъ происшествій, на что онъ выразилъ полную свою готовность.

Представляя нынѣ Вашему Сіятельству копію переданнаго мнѣ Г. Середина-Сабатинымъ

Его Сіятельству

Графу Д. А. Капнисту,

32

그날 밤 그녀는 궁녀들과 함께 궁궐 후원으로 달구경을 나갔다.[2]
명성황후는 달을 보며 생각에 잠겼을 것이다.

'우리는 적어도 일본보다 개혁이 10년 이상 뒤떨어져 있어. 우리에게는 아직 이렇다 할만한 정치세력도 부족해. 미래에 대한 일정한 태도도 없어. 그저 관료들은 넋두리나 읊으면서 투덜거리지. 지금 새로운 왕실 세력을 형성시키기 위해서는 친일 세력을 제거해야 해. 그 제거는 오직 고통과 비상하고 부단한 노력으로만 가능하지.'[3]

명성황후는 서울에 거주하는 외국인과의 교류 덕분에 서양의 정보를 입수할 수 있었다.

명성황후는 서양의 제도를 도입하고 개혁 정책을 시도했다. 선교사 언더우드의 부인은 명성황후에 대해 기록했다.

"그녀는 섬세하고 유능한 외교가였으며 그에 대해 아주 적대적인 무리들의 허를 찌르기가 일쑤였다. 게다가 그녀는 폭넓고 진보적인 정책에 탁월성을 보였다."[4]

주한 미국 서기관 알렌은 명성황후와 개혁세력을 동일하게 생각했다.

"명성황후의 시해로 진보적인 사고에 대한 확실한 지지기반이 붕괴되었다."[5]

러시아 육군 중장 운떼르베르게르는 명성황후의 반일 정책을 평가했다.

"일본인들은 유일하게 아주 혈기왕성한 왕비의 저항에 부딪혔다. 그녀는 처음부터 끝까지 조선에서 일본인을 쫓아보내려고 노력하며 그들에 대항했다."[6]

그럼에도 명성황후는 과감한 개혁이 필요한 시점에 권력 독점을 향한 지나친 대립을 초래했다. 처녀지를 개간하려면 겉으로 미끄러지는 쟁기를 쓸 것이 아니라, 땅속을 깊이 파고드는 플라우(쟁기)를 써야한다.

이미 대궐 내부에는 정변을 예측하는 여러 징후가 있었다.[7]

하지만 전 주한 일본 공사 이노우에는 일본 정부가 왕실을 보호한다는 인상을 주려고 노력했다.

"조선의 자주독립의 기초를 확립하고, 혹 다른 조선인이 역모를 꾀하면 일본 정부가 왕실을 보호하고, 국가의 안위를 보장하겠다."

1895년 9월 초 백작 이노우에는 고종을 접견한 자리에서 고종과 왕비를 안심시켰다.

"왕족이나 혹 다른 조선 사람이 역모를 꾀하는 자가 있을 경우에는, 일본 정부에서 군대의 힘으로 왕실을 보호하여 국가의 평안함을 보전하겠습니다."

명성황후는 정변이 발생하면 오히려 대궐이 안전하다는 농상공부협판 정병하의 주장을 믿었다.[8]

"일본 군대가 대궐에 들어옴은 성체를 보호하는 것입니다. 의심하실 바가 없으니 피하여 나갈 필요가 없습니다."[9]

    왕실의 신뢰를 받아 재정을 도맡았던 정병하는 왕비의 피신을 막았다. 그날 명성황후는 침입자를 궁궐 내에서 대비할 시간적인 여유가 있었다.

    하지만 일본 군대와 훈련대가 경복궁을 포위하고 있었기 때문에 왕비가 궁궐 밖으로 도피할 상황은 아니었다. 그리고 명성황후는 침입자의 목표가 자신이라는 사실을 정확하게 인식하지 못했다.[10]

32장 명성황후 시신과 화형

새벽 6시.

갑자기 곤녕합에 있던 일본인들이 함성을 질렀다. 각감청에서 현흥택을 붙잡고 있던 일본인들도 곤녕합으로 달려갔다.[1] 일본 자객들이 건청궁을 샅샅이 뒤지는 사이, 곤녕합에 안치된 시신 중 하나가 왕비라는 사실이 알려졌다.

여러 증언과 회고록에서는 왕비의 시신을 곤녕합에서 보았다고 기록되었다.

새벽 6시에 풀려난 현흥택은 현장의 상황을 주한 미국 공사 대리 알렌에게 알렸다.

№ 499 с. ж.

5 декабря 1895 г.   57

58

№ 211.

Сеулъ 27 Сентября 1895 г.

11 Приложеній
и 1 планъ.

Литографія
15 декабря 189..

Действительно возмутительныя
подробности!

Милостивый Государь

Князь Алексѣй Борисовичъ,

Въ дополненіе къ секретной
телеграммѣ моей отъ 26-го сего
Сентября о заговорѣ и убійствахъ
во дворцѣ, имѣю честь препрово-
дить при семъ Вашему Сіятель-
ству показанія -
Короля;
Втораго сына Короля, лора

Его Сіятельству
князю А. Б. Лобанову-Ростовскому

주한 러시아 공사 베베르의 을미사변 관련 보고서(1895년 9월 27일, 러시아력) –
대외정책문서보관소

"이상한 느낌이 들어서 무슨 일인가 살펴보려 왕의 가족 처소로 향했다."

"왕실 가족 처소의 안쪽 건물인 '곤녕합'에 왕비로 보이는 사람이 죽은 채 누워 있는 것을 보았다."[2]

새벽 6시가 넘어 곤녕합에 도착한 일본 사관학교 출신 권동진은 '옥호루'의 현장을 회고했다.

"왕비가 이미 가슴에 선혈을 내뿜고 있었다."

"우리들이 선봉을 서지 못한 까닭에 큰 누명을 쓰게 되었다."[3]

잠시 후 고바야카와는 곤녕합 '옥호루'에 들어가 왕비의 마지막 모습을 묘사했다.

왕비는 상체에 '짧은 흰 속적삼'을 입었고, 허리 아래로 '흰 속옷'을 입었다. 왕비는 궁녀들과 동일한 복장으로 위장했다.

한성신보 편집장 고바야카와는 왕비를 꼼꼼하게 관찰하며 시신 노출을 기록했다.

"가냘픈 몸매, 유순하게 생긴 얼굴, 흰 살결 등은 아무리 보아도 스물대여섯 살로 밖에는 보이지 않았다."

"무릎 아래는 흰 살이 그대로 드러나 있었고 가슴팍으로부터 양쪽 팔꿈치까지 노출되었다."[4]

이러한 사실을 통해서 두 가지를 알 수 있다. 먼저 옷이 노출될 만큼 왕비가 일본인에게 강력히 저항했을 가능성이 높다. 또 하나 시신의 노출이 심하다는 사실은 다른 살해 현장에서 왕비의 시신이 옮겨졌다는 점이다.

당시 곤녕합에 침입한 일본 군인과 자객들은 왕세자, 궁녀, 시위대, 사바찐 등에게 왕비의 소재를 심문하면서 왕비를 찾기 위해서 광분했다. 곤녕합에 침입한지 30분이 지나도 왕비를 찾지 못하자 일본 군인과 자객들은 곤녕합 내부에서 살해된 여인의 시신을 다시 점검했다. 그 과정에서 일본인은 곤녕합 내부에서 살해된 시신을 모두 '옥호루'로 옮겼다.

일본 군인과 자객들은 왕비의 모습에 대한 정보를 입수했다. "왕비의 관자놀이 부분에 벗겨진 자국이 있다." 그리고 그들은 '벗겨진 자국'이 있는 여인을 시신 중에서 발견했다.[5]

현장을 목격한 조선 경무청 촉탁의사 사세(佐瀨)는 서울에 거주한 스나가(須永元)에게 말했다.

"나는 손수건으로 난자당한 곳을 약간이나마 가리고자 했다. 이미 왕비는 세상을 버렸다."[6]

곤녕합 주변에 있던 한 궁녀는 옥호루에서 왕비의 시신을 확인한 뒤 왕비의 얼굴에 수건을 덮어주었다.[7]

사바찐은 건청궁 곤녕합 난간에서 숨죽이며 현장을 목격했다. 명성황후를 확인한 순간 모두 침묵의 순간이 다가왔다. 시신을 확인하자 오장육부가 요동을 쳤다. 잔인하다! 바로 이 순간을 위해서 일본 군인과 자객들이 살고 있는 것처럼 보인다.

명성황후의 시해 과정에 관련된 무성한 소문은 그치지 않았다.

왕비의 최후 중 그동안 학계까지도 '시간설'에 관한 논란이 존재했다. 일찍이 1964년 야마베(山邊健太郎)는 소위 '에조 보고서'를 근거로 왕비의 시간설을 제기했다.[8]

'에조보고서'란 갑오개혁 이후 조선 내각 고문관(內閣顧問官)에 임명된 이시쓰카 에조(石塚英藏)가 1895년 10월 9일 을미사변에 대해서 일본 법제국장 스에마쓰(末松謙澄)에게 보낸 보고서를 의미한다.

이시쓰카는 명성황후의 시해 과정에 대해서 기록했다.

"가담자들(野次馬達)은 깊이 안으로 들어가 왕비를 끌어내고 두세 군데 칼로 상처를 입히고 나체로 만들어 국부검사(局部檢査)를 하고 마지막으로 기름을 부어 태워버리는 등……. 참으로 이것을 쓰는 것조차 차마 못할 일입니다."[9]

당시 외교사료, 회고록, 증언을 살펴보면 이시쓰카의 현장 목격 기록이 존재하지 않는다.[10] 정변에 참가한 일본인의 이야기를 듣고 이시쓰카가 보고서를 작성했다. 그만큼 이시쓰카 보고서의 신빙성이 높지 못하다. 또한 곤녕합에 침입한 일본 자객들은 동이 틀 무렵 왕비의 시체를 확인했기 때문에 빠른 시간 내에 왕비의 시신을 처리하고 철수해야하는 상황이었다. 그만큼 시신을 유린할 시간적인 여유가 없었다.

현장에서 자객들을 직접 지휘한 오카모토는 명성황후 한 명의 시해에 모든 초점을 맞추도록 유도했다. 오카모토는 그 이외의 불

필요한 살해를 막는데 노력했다. 오카모토를 비롯한 자객들은 할복을 언급하는 등 겉으로는 일본 무사 의식을 표방했다. 만약 왕비의 시체를 유린한다면 그들은 자신들에게 돌아올 수치심과 불명예를 감당할 수 없었을 것이다.

그런데 당시 일본 자객들이 왕비의 시신을 이동시키고 시신을 확인하는 과정에서 시신의 옷도 일부 노출되었다. 따라서 왕비의 시신이 일부 노출되고 훼손된 것을 가지고 과장해서 '국부검사'라는 표현까지 사용했을 가능성이 높다.

일본 무사(사무라이)는 11세기 역사까지 거슬러 올라간다. 원래 사무라이(侍)는 일본 장원 체제하의 지방 유력 농민 출신으로 처음에는 귀족들의 하수인으로 출발하였다. 점차 중앙 귀족의 신변을 보호하는 시종으로 발전하였다. 무사정권 시대 섬기던 주군을 잃고 전국을 떠돌아다니는 실직 무사(武士)인 낭인(浪人, 떠돌이 무사)도 탄생했다. 에도 막부 시절 사무라이 즉 무사계급은 정치와 군사 모든 권력을 독점하는 지배계급이 되었다. 문신으로 변신한 사무라이는 명예를 중시하는 무사도(武士道)를 만들었다.

1866년 1월 21일 사쓰마(薩摩) 조슈(長州) 동맹, 즉 삿초 동맹(薩長同盟)은 '반(反) 막부'라는 대의명분을 내세웠다. 1868년 1월 1일에도 막부는 보신(戊辰) 전쟁에 패배하여 해체의 수순을 밟았다. 그해 8월 일왕(日王) 중심의 메이지 유신이 단행되었다.

메이지 유신의 정신은 화혼양재(和魂洋才)였다. 곧 서양의 제도와 문물을 모두 수용하되 '일본의 정신'만은 유지하자는 뜻이다. '일본의 정신(和魂)'이란 위로부터 아래까지 계층적으로 조직되며, '각자가 알맞은 위치를 가져야 할 필요성'을 의미했다.

그런데 특권을 박탈당하고 일자리를 잃은 무사 세력의 불만을 조선침략으로 해소하려는 정한론의 움직임이 있었다. 정한론의 대표적인 인물이 사쓰마(薩摩) 출신인 무사 사이고 다카모리(西鄉隆盛, 1827~1877)와 죠슈 출신 요시다 쇼인(吉田松陰, 1830~1859)이었다. 요시다 쇼인(吉田松陰)은 쇼카손주쿠(松下村塾)에서 제자를 양성했다.

요시다 쇼인의 대표적인 제자는 기도 다카요시(木戶孝允, 메이지 유신 주역), 이토 히로부미(伊藤博文, 초대 조선통감), 야마가타 아리토모(山縣有朋, 일본 육군대신), 이노우에 가오루(井上馨, 일본 내부대신) 등이었다. 12세기 가마쿠라 막부와 함께 시작된 일본의 '무력통치'는 메이지 유신 이후에도 관료세력이 군부세력에 굴복되면서 유지되었다.[11]

6시 10분. 이제야 겨우 날이 밝았다. 건청궁 너머 아득한 동쪽 위에 안개가 싸인 커다란 붉은 태양이 떠오르기 시작했다. 건청궁 주변 녹원에 피워놓은 불길이 활활 타고 있었다.

왕비의 사망을 확인한 오카모토 등은 고종과 왕세자를 왕실 가족 처소(Royal Family house) 바깥 건물인 '장안당'으로 옮겼다. 고종은 경부 오기와라(萩原秀次郎)의 도움으로 일본 자객들의 접근을 겨우 피할 수 있었다.[12] 그들은 왕비의 사후 처리를 오기와라에게 맡겼다. 오기와라는 왕비의 시신을 건청궁 주변 녹원으로 옮기고 시신을 불태울 것을 자객들에게 지시했다.[13] 그들은 왕비의 시신을 곤령함에서 '홑이불로 싸서 송판 위에 올려' 녹원으로 옮겼다.[14] 우치다 영사도 명성황후의 시신이 옥호루를 거쳐 녹원으로 이동했다고 기록했다.[15]

뮈텔 주교는 다음과 같이 기록했다.

"왕비의 시체가 죽은 궁녀들의 시체와 함께 불태워졌다."[16]

건청궁 소속 궁녀는 증언했다.

"한 궁궐 관리가 일본인에 의해서 왕비의 시체를 태우는 것을 보고 있었습니다."[17]

그 궁궐 관리는 현흥택이었다. 현흥택은 왕비의 시신을 녹원에서 불태운다는 소식을 듣고 그 곳으로 달려갔다. 현흥택은 녹원에서 여인의 옷이 불타고 있는 것을 목격했다. 현흥택은 증언했다.

"불타는 옷가지 사이로 왕비의 시체도 거기에 있었다."[18]

왕비의 시신을 확인한 일본 자객은 담요에 덮인 시신을 녹원으로 이동하여 석유를 그 위에 붓고 땔나무를 그 위에 얹어 시신을 불태웠다.[19] 시위대 병사는 증언했다.

"시신에 석유를 끼얹고 불을 질렀다. 이 두 시신 중의 하나는 왕비였고, 그 목적은 왕비의 모든 흔적을 없애기 위한 것이었다."[20]

고바야카와는 살해의 현장을 회고했다.

"영혼은 가서 돌아오지 않고……."[21]

그 영혼과 육체는 그리 쉽게 분리되지 않는 법이다.

고종은 1897년 11월 명성황후 국장을 치렀다. 이를 위해 조선 정부는 사전에 묻혀있는 명성황후의 시신을 수습했다.

연해주 군사총독 육군 중장 운떼르베르게르(П.Ф. Унтербер гер)는 1897년 조선을 방문하여 발굴된 명성황후의 시신에 대해 기록했다.

"녹원에서 타다 남은 뼈 조각이 발견되었다. 그 중 머리 앞부분 과 팔부분의 뼈가 땅속에 움푹 들어간 채 발견되었다."

운떼르베르게르는 그 이유를 설명했다.

"부상을 입은 왕비가 얼마 동안 생존해있었기 때문에 머리와 팔 로 불을 피해 땅속으로 파고 들어갔다."[22]

모든 존재가 생기기도 하고 없어지기도 하는 그 찰나였다.

저자 후기

"깊고 깊은 밤하늘에 높이 떠 있는 은빛 달이여, 너의 빛이 광활한 밤 속으로 비춘다. 이 잠든 세상을 방랑하며 사람들의 집과 길 위에 미소한다…… 인간의 영혼이여, 나를 꿈꾸게 해줬다면 내 기억을 일깨워 주소서. 달이여 어디로 흘러가는가?"

드보르작, 오페라『루살카』중 '은빛 달이여'

이 책은 초가을 밤의 자연 묘사가 필요했다. 그래서 달빛을 묘사한 성악곡과 클래식을 최대한 찾아보았다. 그 중 체코 음악가 드보르작(A.L. Dvorak, 1841~1904)은 은빛 달에게 사랑과 평온함을 기원하는 빼어난 작품을 만들었다.

하지만 평온한 달밤과는 달리 을미사변 당일은 참혹했다.

그동안 명성황후의 시해 과정과 시해범 등의 논란이 끊임없이 진행되었다. 그 논란은 일본 정부의 조선 식민지 정책 및 왕비 시해 책임 등의 본질을 흐릿하게 만들었다. 한국인조차도 명성황후 시해 사건을 '여우사냥'으로 풍자하려는 일본의 의도에 말려들었다.

어느 때와 무슨 일을 물을 것 없이 진실은 살아남고 거짓은 소멸하였다. 나는 이 책을 쓰는 내내 눈물을 머금었다. 슬픔의 강을 건너는 느낌이었다. 그 슬픔을 치유하기 위해서 차이콥스키(П.И. Чайковский, 1840~1893)의 음악을 열심히 들었다. 인간이 얼마큼 역사 속에 무너질 수 있을까를 생각했다.

사실 이 책을 준비할 당시 구조와 묘사에 대해서 많은 고민을 했다. 역사 대중서의 형식에 대한 고민이었다. 처음에는 팩션(faction)을 쓰려고 했다. 인물과 자연 묘사가 어려웠기 때문이었다. 하지만 나는 '역사가'라는 사실을 끝내 포기할 수 없었다. 결국 이 책은 최대한 사료에 기초했고, 추정을 제외하고 각주를 모두 달았다.

이 책에 대한 구조는 솔제니친(А.И. Солженицын, 1918~2008)의 『이반 데니소비치의 하루』의 형식을 빌려 왔다. 물론 하루 관련

다른 소설도 많았다. 하지만 주인공의 시선과 시간의 흐름을 고려해보니 솔제니친의 첫 작품인 『이반 데니소비치의 하루』가 가장 적합했다. 그리고 이 책의 묘사를 고민하면서 러시아 대문호 안톤 체홉(А.П. Чехов, 1860~1904)의 소설을 틈틈이 읽었다.

　책을 마무리할 즈음 지인 중 한 명이 책을 왜 쓰냐고 반문했다. 그 냉소주의자는 평생 한 권의 책만 쓰겠다는 마음이었다. 잠시 나는 멍했다. 순간 나는 책을 왜 쓰는가라는 생각에 잠겼다. 일단은 나의 연구의 궤적을 정리하고 사람들과 공유하고 싶다는 생각이 들었다. 홀로 앉아 이일 저일을 생각하면 눈물만 흐르는 것이 인생이지만 나를 한순간만이라도 사랑했던 모든 이들에게 고개를 떨군다.

2014년 3월

김영수

참고문헌

1장 궁궐의 잔치

1 『뮈텔주교일기』, 1895.11.5, 406쪽.
2 『高宗實錄』, 34년 11월 22일. 궁내부 특진관 민영소가 행록의 초고를 기초했다.

2장 지는 해와 뜨는 달

1 알렌, 『조선견문기』, 평민사, 1986, 58쪽
2 사바쩐의 한자이름은 蘇眉退, 薩巴丁, 薩巴珍, 薩巴玲 등으로 다양했다.
3 АВПРИ. Ф.150.Оп.493.Д.6.Л.73.
4 ГАРФ. Ф.918. Оп.1. Л.2. Л.40об. Г.А. Дмитриевский Дневник. 1893.4.30 ; ГАРФ. Ф.918. Оп.1. Л.2. Л.44. Г.А. Дмитриевский Дневник. 1893.5.7 ; ГАРФ. Ф.918. Оп.1. Л.2. Л.53об. Г.А. Дмитриевский Дневник. 1893.10.10. "청국의 국경일. 관례대로 청국 공관을 방문. 촤(Tsoi) 씨나 통(Tong)씨와 마찬가지로 위안(Yuen) 씨도 매우 친절하다."(『뮈텔주교일기』, 1892.7.21)
5 ГАРФ. Ф.918. Оп.1. Л.2. Л.34об. Г.А. Дмитриевский Дневник. 1893.3.15
6 ГАРФ. Ф.918. Оп.1. Л.2. Л.53об. Г.А. Дмитриевский Дневник. 1893.10.12
7 ГАРФ. Ф.918. Оп.1. Л.2. Л.53об. Г.А. Дмитриевский Дневник. 1893.10.7
8 "1884년 조선의 개화파가 갑신정변을 일으키자 원세개는 청군을 출동시켰다. 그리하여 일본군을 패퇴시키며, 고종을 청국 군영으로 옮기고, 개화파를 제거함으로써 정변을 진압하였다. 이후 일본이 양국 간 군사 충돌의 책임을 문책하자 청국은 일본과의 충돌을 피하기 위해 원세개를 일단 소환하였다. 1885년 북양대신 이홍장은 조선 국왕이 무능하여 민씨 일파에 의해 정국이 조정되고 있다고 판단하고 대원군 석방과 원세개의 재파견을 추진하였다. 이홍장은 대원군을 조선으로 호송하는 데 원세개를 보냈다. 이홍장은 이어서 초대 주한 상무위원 진수당(陳樹棠, 천슈탕)을 경질하고 원세개를 도원(道員)으로 승진 임용하고 주찰 조선총리교섭사의(駐紮朝鮮總理交涉通商事宜)로 임명하였다. 이 때 그의

나이 26세였다."(『한국근대외교사전』, 성대출판부, 2012, 393-398쪽)

9 "나의 생애에서 가장 어려웠던 시절에 당소의는 믿음직하게도 우리의 편에
   서 주었다."(묄렌도르프, 『묄렌도르프문서』, 평민사, 1987, 48쪽)

10 "당소의는 1885년 이후 원세개 휘하에서 한성총리공서의 영문번역관 및
   비서의 역할을 겸하였다. 당소의는 1886년 수판양무위원(隨辦洋務委員),
   1889년 용산상무위원(龍山商務委員)에 임명되었다. 그는 청일전쟁 이후
   귀국했다가 1897년 조선과 통상장정 체결 교섭을 위해 총영사(總領事)로
   임명되었다."(『한국근대외교사전』, 성대출판부, 2012, 100-102쪽)

11 АВПРИ. Ф.150.Оп.493.Д.6.Л.73.

12 АВПРИ. Ф.150.Оп.493.Д.6.Л.73 соб.

13 АВПРИ. Ф.150.Оп.493.Д.6.Л.73.

14 АВПРИ. Ф.150.Оп.493.Д.6.Л.121 соб.

15 서우드 홀, 『닥터 홀의 조선회상』, 좋은씨앗, 2003, 69쪽 ; 아손 그렙스트,
   『스웨덴 기자 아손, 100년 전 한국을 걷다』, 책과함께, 2005, 97쪽 ;
   카르네프, 『내가 본 조선, 조선인』, 가야넷, 2003, 80쪽

16 까를로 로제티, 『꼬레아 꼬레아니, 숲과나무』, 1996, 63-64쪽. 그 우물의
   위치가 황해도 지역으로 알려졌지만 주한 이탈리아 외교관 로제티는
   정동(井洞)으로 파악했다. 태조는 1398년 '도성 안에 무덤을 둔 일이
   없다'는 원칙 및 관료들의 반대를 무릅쓰고, 도성 안에 신덕왕후(神德王后)의
   능인 정릉(貞陵)을 설치했다. 정릉은 '정숙한 여인의 무덤'이라는 뜻이다.
   신의왕후(神懿王后)의 아들인 태종은 1409년 정적인 신덕왕후의 정릉을
   도성 밖인 양주(楊州), 현재 서울 성북구 정릉동으로 옮겼다. 현재 정동의
   명칭은 정릉동(貞陵洞) 또는 정동(井洞)에서 유래하였다.(김정동, 『정동과
   덕수궁』, 발언, 2004, 21-23쪽) 태종은 1410년 정릉의 신장석(神將石,
   무덤을 수호하기 위해 만든 돌)을 사용하여 광통교를 만들었다. 신장석은
   1958년 청계천 공사 당시 땅에 묻혔다가 2004년 복원공사 도중 발견됐다.
   광통교는 현재 청계천 상류 지점에 복원되었다.(『한겨레신문』, 2004.4.5)
   인간의 영혼이 광통교의 잔인한 역사에 묻혀있다.

17 까를로 로제티, 『꼬레아 꼬레아니, 숲과나무』, 1996, 56쪽

18 까를로 로제티, 『꼬레아 꼬레아니, 숲과나무』, 1996, 51-52쪽

19 경복궁 중건은 1865년 4월에 시작되어 1868년 6월에 완공되었다. 고종은
   1869년 7월 2일 창덕궁에서 경복궁으로 이어하였다.(유홍준, 『건청궁,
   찬란했던 왕조의 마지막 기억』, 눌와, 2007, 11-12쪽)

20 광화문은 세 개의 무지개 모양의 홍예문을 낸 높은 석축 위에, 2층
   우진각(모임) 지붕을 한 문루가 높이 앉아 있다. 가장 큰 가운데 문은 임금

이, 좌우 문은 신하들이 드나들도록 했다. 광화문 3개의 궐문 중 임금이 행차하는 가운데 문 천장에는 주작(朱雀), 동문에는 천마(天馬), 서문에는 거북이 그려졌다.(박도, 『개화기와 대한제국』, 2012, 눈빛, 84-85쪽 ; 홍순민, 『우리 궁궐 이야기』, 청년사, 1999, 128-132쪽)

3장 분주한 경복궁

1 비숍, 『한국과 그 이웃나라』, 살림, 1996, 294쪽
2 『알렌의 일기』, 1885.10.7, 105쪽 ; 아손 그렙스트, 『스웨덴 기자 아손, 100년 전 한국을 걷다』, 책과함께, 2005, 116쪽; 까를로 로제티, 『꼬레아 꼬레아니』, 숲과나무, 1996, 82쪽. 초대 주한 미국공사 푸트(L.H. Foote) 부인은 경회루의 연회 모습을 상세하게 묘사했다. "탑에 앉아 있는 악공들에게서는 음악이 흘러나왔다. 호숫가 한쪽에서는 커다란 연꽃 봉오리가 벌어지더니 벌거벗은 아이가 나타났고, 뒤이어 그 아이는 기다리던 엄마의 벌린 팔 안으로 넘겨졌다. 호수에 떠 있는 돛단배에는 갑판 위에서 춤을 추고 있는 꽃 같은 소녀들을 가득 태우고 있었는데, 그들은 율동과 아름다운 자태로 역사적인 이야기를 표현하고 있었다. 그리고 상상력을 선명하게 자극하여 통역관 없이도 다 알아들을 수 있는 여러 편의 훌륭한 단막극도 상연되었다. 웃기게 생긴 키 작은 곡예사들은 물구나무를 서거나 나뭇가지에 매달리기도 했다. 막간에는 호수 한 가운데에 있는 섬의 등나무 차양 아래에 설치된 다실에서 동양식의 음료수가 제공되었다. 그 호수에는 붉게 칠한 돌다리가 놓여 있었고, 물속에는 연꽃이 가득 피어 있었다."(메리 팅글리 로렌스, 『미 외교관 부인이 만난 명성황후』, 살림, 2011, 54쪽)
3 АВПРИ. Ф.150.Оп.493.Д.6.Л.123об.
4 АВПРИ. Ф.150.Оп.493.Д.6.Л.73
5 АВПРИ. Ф.150.Оп.493.Д.6.Л.78об ; 『駐韓日本公使館記錄(7)』, 「王妃弑害事件과 수습 경위 1」, 1895년 10월 7일, 三浦→西園寺, 204쪽.
6 杉村濬, 『在韓苦心錄』, 231쪽.
7 『高宗實錄』, 32년 8월 20일.
8 유홍준, 『건청궁, 찬란했던 왕조의 마지막 기억』, 눌와, 2007, 24-28쪽.
9 『高宗實錄』 총서. 휘(諱)는 희(熙)이고 자(字)는 성림(聖臨), 처음의 휘(諱)는 재황(載晃)이고 자는 명부(明夫), 호(號)는 주연(珠淵)이다.
10 『純宗實錄附錄』, 12년 3월 4일. 완순군(完順君) 이재완(李載完)이 행록을

작성했다.

11 아손 그렙스트, 『스웨덴 기자 아손, 100년 전 한국을 걷다』, 책과함께, 2005, 218쪽 ; 비숍, 『한국과 그 이웃나라』, 살림, 1996 295쪽 ; 커즌, 『100년 전의 여행 100년 후의 교훈』, 비봉출판사, 1996, 118쪽 ; 분쉬, 『고종의 독일인 의사 분쉬』, 학고재, 1999, 79쪽

12 "친절한 성품인 왕은 인간으로서 약점을 가지고 있었고 아첨하는 신하의 설득에 곧잘 넘어가곤 하였다."(Horace N. Allen저, 신복룡역, 『조선견문기』, 1979 200쪽) "조선의 군주는 쾌활하고 사람 좋기는 하나 어떤 의지력도 없고 자신의 주변 세계에서 일어나는 일을 전혀 파악할 능력이 없는 사람으로 알려져 있다"(William F. Sands저, 김훈역, 『조선의 마지막 날』, 1986, 53쪽)

13 "고종은 매일 그 자신을 온화하게 보이지만 주권자인 것을 숨기고 있다. 고종의 나쁜 성격 뿐만아니라 좋은 자질은 나에게 역사에서 잘 알려진 영국 왕을 많이 떠올리게 한다."(『尹致昊日記』 1896년 3월 30일)

14 『純宗實錄附錄』, 12년 3월 4일. 전 의정 민영규(閔泳奎)가 지문을 작성했다.

15 『高宗實錄』, 19년 8월 7일

16 『高宗實錄』, 24년 10월 17일

4장 사바찐의 궁궐 순찰

1 АВПРИ. Ф.150.Оп.493.Д.6.Л.123; F.O. 405. Part VI. Inclosure in 3 No.8, p. 43.

2 헐버트, 『대한제국멸망사』, 집문당, 2006, 296쪽

3 샤이에 롱, 『코리아 혹은 조선, 조선기행』, 눈빛, 2001, 259쪽 ; 김원모, 「건청궁 멕케전등소의 한국 최초의 전기 점화」, 『사학지』 21, 1998, 229~234쪽

4 유홍준, 『건청궁, 찬란했던 왕조의 마지막 기억』, 눌와, 2007, 71쪽

5 Пушкин А.С. Русалка, 1819 : 석영중역, 『잠 안오는 밤에 쓴 시』, 1999, 85~88쪽. 체코 음악가 드보르작(A.L. Dvorak)은 슬라브 전설 '루살카'를 오페라로 만들었는데 그 중 '은빛 달이여'가 유명하다. "깊고 깊은 밤하늘에 높이 떠 있는 은빛 달이여, 너의 빛이 광활한 밤 속으로 비춘다. 이 잠든 세상을 방랑하며 사람들의 집과 길 위에 미소한다... 인간의 영혼이여, 나를 꿈꾸게 해줬다면 내 기억을 일깨워 주소서. 달이여 어디로 흘러가는가?"

5장 위병소와 집옥재

1 "聯隊長 1人 副領, 大隊長 2人 參領, 副官 2人 副尉, 餉官 2人 正尉, 中隊長 4人 正尉, 小隊長 14人 副·參尉"(『日省錄』高宗 32年 閏5月 25日)

2 『日省錄』高宗 24年(1887) 4月 24日

3 김진호는 1895년 11월 28일 고종을 구출하려는 춘생문사건에 깊숙이 개입했다. 춘생문사건 당일 김진호는 선발대의 핵심 인물로 참여하였다.(「(林最洙)行錄」『乙未事蹟』, 419쪽; 『乙未十月(李道徹)正義事實記』, 481-483쪽)

4 집옥재, 협길당, 팔우정 이 세 채의 건물은 당초 창덕궁 함녕전의 별당으로 지은 건물이나, 1888년 고종이 창덕궁에서 경복궁으로 거처를 옮기면서 이 전각들도 옮겨왔다.(유홍준, 『건청궁, 찬란했던 왕조의 마지막 기억』, 눌와, 2007, 57-59쪽)

5 АВПРИ. Ф.150.Оп.493.Д.6.Л.73об.

6 체호프, 『사할린섬』, 동북아역사재단, 2012, 298쪽

7 "독일공사관에 근무하는 스위스 사람이 보통 그림도 잘 그렸거니와 더욱 설계도를 잘한다는 말을 듣고 그에게 부탁하여 자세한 설계도를 작성하였다. 러시아인 기사 사바친에게 설계를 부탁하였다 하였으나 그것은 잘못으로 러시아인이 아니라 독일공사관의 스위스인이었다."(金道泰著, 『徐載弼博士自叙傳』, 乙酉文化社, 1981, 234쪽)

8 Симбирцева Т.М. Владыки старой Кореи. М. 2012 ; Сеульский Вестник, Сеульский строитель, 2011 май, №. 136. 사바찐의 아들 뾰뜨르 아파나시(1885-1964)는 누이 릴리야(Лилия Афанасий Середин-Сабатин)와 여동생 베라(Вера Афанасий Середин-Сабатин) 등이 있었다. 뾰뜨르는 1950년 4월 다롄(大連)에서 자서전을 작성했다.

9 АВПРИ. Ф.191. Оп.768. Д.191. ЛЛ.25-28

10 "1й -низший соответствовал программе и спытаний на звание штурмана каботажного плавания, 2й -программа на звание шкипера каботажного плавания и штурмана дальнего плавания. 3й -высший -программа на звание шкипера дальнего плавания."(http://www.imha.ru)

11 "1879. Бесплатные вечерние курсы рисования для народа преобразованы в Педагогические курсы для

приготовления учителей рисования с нормальною рисовальною школою и музеем учебных пособий"(http://www.rah.ru)

12 Симбирцева Т.М. Владыки старой Кореи. М. 2012 ; Сеульский Вестник, Сеульский строитель, 2011 май, № 136.

13 똘스또이, 『까자끄 사람들』, 소담, 1998, 36쪽

14 "오스트리아 총영사 하스가 통상을 제의해 왔다. 러시아 영사도 통상을 제의해 왔다. 게다가 매일같이 많은 젊은이들이 조선의 해관직을 신청해 왔다."(묄렌도르프, 『묄렌도르프문서』, 평민사, 1987, 61쪽 ; 高麗大學校亞細亞問題硏究所編, 『舊韓國外交文書』17卷, 俄案 1, 1969, 218쪽)

15 묄렌도르프, 『묄렌도르프문서』, 평민사, 1987, 41쪽

16 알렌저, 김원모편저, 『근대한국외교사연표』, 단대출판부, 1984, 107쪽.

17 묄렌도르프, 『묄렌도르프문서』, 평민사, 1987, 75~77쪽. 묄렌도르프는 1847년 독일 북부 제데닉(Zedenik)에서 태어났다. 1865년 할레(Halle)대학에 입학해서 법학, 언어학, 동양학을 배웠다. 1869년 중국으로 건너와 청의 해관에서 5년 동안 하급 직원으로 근무하였다. 1879년 천진영사관의 부영사로 임명되었다. 1881년 상해영사관의 하위직으로 좌천당하자 사직하고, 청국 측에서 자리를 잡기 위하여 노력하였다. 때마침 이홍장이 개화정책에 대한 조언자를 구하는 조선에 묄렌도르프를 추천하였다. 묄렌도르프는 1882년 12월 27일 조선 최초의 서양인 고문관인 통리아문참의(統理衙門參議)로 임명되었다. 그는 1883년 1월 12일 통리교섭통상사무아문(統理交涉通商事務衙門) 협판(協辦)이 되었다. 묄렌도르프는 1883년 1월 말 조선 해관 설치를 위한 자금을 마련하기 위해서 청국으로 출장을 갔으며, 돌아온 후에 인천, 부산, 원산에 해관을 설치하고 총세무사로서 활동하였다.(『한국근대외교사전』, 성대출판부, 2012, 191-192쪽)

18 김태중, 「개화기 궁정건축가 사바찐에 관한 연구」 『대한건축학회논문집』, 12-7, 1996, 109-110쪽.

19 김창동, 「한국근대건축에 있어서 서양건축의 전이와 그 영향에 관한 연구」, 홍익대학교 박사학위논문, 1990, 196-202쪽.

20 小谷益次郎編, 『仁川府史』, 仁川府, 1933, 255~256쪽; 高麗大學校亞細亞問題硏究所編, 『舊韓國外交文書』17卷, 俄案 1, 1969, 218쪽.

21 "1887년 7월 8일. 러공사 베베르-독판교섭통상사무 김윤식: 본국인

아라니시 셔려진 사바쩐, 在 濟物捕 貴國 海關 押船屬 差一名"
(高麗大學校亞細亞問題硏究所編, 『舊韓國外交文書』17卷, 俄案 1, 1969,
33쪽)

22 ГАРФ. Ф918. Оп1. Л2, Л15об. Г.А. Дмитриевский Дневник.
1891.11.20

23 "薩巴丁爲人諸練工精(공정을 익숙하게 알고 있는 인물), 而且諸事樸實(제사가
꾸밈이 없고 검소하다)."(高麗大學校亞細亞問題硏究所編, 『舊韓國外交文書』
17卷, 俄案 1, 德密特-李容植, 1892.11.12, 1969, 217쪽).

24 『駐韓日本公使館記錄(7)』, 一. 機密本省往來 一 ~ 四〉(59) 王妃弑害
下手人이 日人임을 紙上에 폭로한 러시아인의 擧動 報告, 芝罘
二等領事久水三郞→外務次官 原敬, 1895년 10월 30일

25 Симбирцева Т.М. Владыки старой Кореи. М. 2012 ;
Сеульский Вестник, Сеульский строитель, 2011май, No. 136.

6장 공덕리의 흥선 대원군 저택

1 『高宗實錄』, 7年(1870) 8月 25日 ; "孔德里의 천변은 銅津의 하류로 산맥이
수려하고 마을이 즐비하게 널려 있었는데, 대원군은 이곳 민가를 철거하고
假墓를 만들었다. 그리고 그 속에 堂을 지어 壙을 가리고 이를 我笑堂이라
하고 그 광을 尤笑處라고 하여, 申櫶에게 堂記를 지으라고 명하였다."(黃玹,
『梅泉野錄』, 甲午以前 上)

2 岡本柳之助述, 平井晩村編, 『風雲回顧錄』(東京 : 武俠世界社, 1912), 275쪽.

3 대원군은 1820년 인조의 셋째 아들인 인평대군(麟平大君)의 7대손
남연군(南延君)의 아들로 태어났다. 1863년 12월 철종이 죽고 그의 둘째
아들인 고종이 왕위에 오르자 대원군은 섭정의 대권을 위임받아 권력을
장악했다. 그런데 1873년 최익현(崔益鉉)이 대원군의 정치를 정면으로
공격한 상소를 계기로 고종이 친정(親政)을 선포하자 대원군은 정계에서
물러났다.(연갑수, 「대원군 집정의 성격과 권력구조의 변화」, 『한국사론』 27,
1992, 213-215, 279쪽)

4 카르네프, 『내가 본 조선, 조선인』, 가야넷, 2003, 87쪽 ; 헐버트,
『대한제국멸망사』, 집문당, 2006, 198쪽 ; 『알렌의 일기』, 1885.10.11,
106쪽

5 小早川秀雄, 『閔后暗殺記』, 汎文社, 1965, 116쪽.

6 杉村濬, (明治廿七八年)在韓苦心錄, 勇喜社 1932 ; 杉村濬, 「在韓苦心錄」 『서울에 남겨둔 꿈』, 1993, 建大出版部, 122쪽

7 연갑수, 「대원군과 서양」, 『역사비평』 50, 2000, 106-107쪽 ; 『駐韓日本公使館記錄(7)』, 「王妃弑害事件과 수습 경위 6」, 1895년 10월 8일, 三浦→西園寺, 207쪽.

8 『高宗實錄』, 19년 6월 11일; 『高宗實錄』, 19년 7월 13일.

9 『高宗實錄』, 31년 6월 21일; 『駐韓日本公使館記錄(1)』, 「大院君의 入闕 顚末」, 1894년 7월 31일, 大鳥圭介→陸奧, 312-313쪽.

10 『駐韓日本公使館記錄(5)』, 「朝鮮政況 보고에 관한 件」, 1894년 12월 28일, 井上馨→陸奧宗光.

11 『뮈텔주교일기』, 1895.10.8, 375쪽.

12 『뮈텔주교일기』, 1895.10.9, 378쪽.

13 『뮈텔주교일기』, 1895.10.15, 385쪽.

14 강화석은 일본인 중에는 일본 경비대의 통역관 와타나베(渡邊)도 포함된 것으로 추정했다.(『뮈텔주교일기』, 1895.10.24, 395쪽)

15 "당초에 일본인은 공덕리에 있는 조선 순검 10인을 그곳에 가두고 순검의 복장을 뺏어 바뀌 입고 궁궐로 향했고, 또한 평복을 입고 군도와 호신용 총을 갖고 입궐했다."(鄭喬, 『大韓季年史』 上, (서울: 국사편찬위원회, 1957), 115쪽) "일본 사람이 용산 근처 공덕리에 있던 조선 순검 십명을 그 곳에 구류하고, 의복 단장한 것을 벗겨서 저희들이 바꾸어 입고 대궐로 향한지라."(市川正明編, 『日韓外交史料(5): 韓國王妃殺害事件』, 原書房, 1981: 「開國五百四年八月事變報告書」 『韓國王妃殺害事件』, 高麗書林, 1987, 452-453쪽).

16 『뮈텔주교일기』, 1895.10.31, 340쪽.

17 NARA. Despatches from U.S. Ministers to Korea 1895-1896, M.134 Roll.12 No.156 p.17

18 NARA. Despatches from U.S. Ministers to Korea 1895-1896, M.134 Roll.12 No.156 p.21

19 NARA. Despatches from U.S. Ministers to Korea 1895-1896, M.134 Roll.12 No.160 p.6

20 F.O. 405. Part VI. Inclosure in 7 No.86 p.50

21 F.O. 405. Part VI. Inclosure in 9 No.111 p.90

22 F.O. 405. Part VI. Inclosure in 2 No.129 p.114

23 F.O. 405. Part VI. Inclosure in 3 No.136 p.126

24 АВПРИ. Ф.150.Оп.493.Д.6.Л.64

25 АВПРИ. Ф.150.Оп.493.Д.6.Л.87об.

26 АВПРИ. Ф.150.Оп.493.Д.6.Л.63

27 АВПРИ. Ф.150.Оп.493.Д.6.Л.226об

7장 대원군이 경복궁에 끌려간 이유

1 杉村濬, 『在韓苦心錄』, 228쪽

2 杉村濬, 『在韓苦心錄』, 227쪽. 고등재판소는 이주회의 사형 이유에 대해서 "저희 무리(김홍집 내각)와 친분이 변하여 원수가 되었으매, 저희 무리의 전후 간상이 탄로할까 두려워 그 입을 멸하고자 했다"고 기록했다.(市川正明編, 「開國五百四年八月事變報告書」『韓國王妃殺害事件』, 450쪽) 아사야마(淺山顯藏)는 1895년 7월 박영효역모사건 직전 박영효와 일본 공사관의 연락을 담당했던 인물이었다.(『駐韓日本公使館記錄(6)』, 「1895년 6,7월 중 朝鮮王宮 호위병 交替事件으로 宮中과 內閣 사이에 충돌」, 1895년 7월 12일, 臨時代理公使 杉村濬→外務大臣代理 西園寺公望, 198-199쪽)

3 杉村濬, 『在韓苦心錄』, 229~230쪽

4 杉村濬, 『在韓苦心錄』, 229쪽. 정교에 따르면 杉村濬은 "대원군이 만약 정치에 참견하여 그 폐해가 오히려 심하게 될 것"을 우려하여 要領 四約條를 기초했다.(鄭喬, 『大韓季年史』, 111쪽) 미우라 공사도 스기무라가 작성한 4개조 약속초안에 대해서 동의했다.(市川正明編, 「開國五百四年八月事變報告書」『韓國王妃殺害事件』, 437쪽)

5 『駐韓日本公使館記錄(5)』, 「大院君의 近況」, 1894년 10월 20일, 臨時代理公使 杉村濬→外務大臣 子爵 陸奥宗光.

6 스기무라는 1848년 이와테(岩手) 현에서 태어났다. 도쿠가와 막부 말기 에도(江戸)의 시마타 초레이(島田重禮) 밑에서 공부했고, 메이지 초기 대만정벌(1874년)에 참여하였다. 1875년부터 『요코하마 마이니치(橫濱每日)』신문의 기자로 활동하면서 조선 문제에 대해 관심을 갖게 되었다. 1880년 부산주재 일본서기관으로 부임했고, 1883년 인천주재 부영사로 임명되었다. 스기무라는 1886년 10월부터 주한일본 공사관 서기관에 임명되면서 대원군(大院君)과 긴밀한 관계를 형성하였다.(『한국근대외교사전』, 성대출판부, 2012, 302쪽)

7 『駐韓日本公使館記錄(4)』, 「大院君派와 閔妃派 간의 갈등에 대한 문의 및

지시」, 1894년 9월 30일, 大臣 陸奧, 302쪽.

8 『駐韓日本公使館記錄(7)』, 「李埈鎔 처분 件」, 1895년 5월 23일, 特命全權公使 井上馨→外務大臣 陸奧宗光 , 22-23쪽.

9 "무쓰는 외교기밀비를 사용하여 호시의 빚을 청산해 주고 조선으로 보냈다. 무쓰는 을미사변 이후 주미공사라는 영예직을 주어 일본을 떠나게 했다."(김문자, 『명성황후 시해와 일본인』, 태학사, 2011, 385쪽)

10 김문자, 『명성황후 시해와 일본인』, 태학사, 2011, 370-373쪽

11 "베베르 씨와 힐리어 씨는 일본인들이 그를(이준용) 일본으로 불러들여 대원군의 신변을 확보하기 위한 인질로 잡아두려는 의도가 아닌지 의심하고 있다."(『뮈텔주교일기』, 1895.10.21, 391쪽)

12 "대원군의 근일 상태를 보면 먼저는 사랑하는 손자 이준용이 유형의 몸이 되자 우민(憂悶)의 정을 참지 못하는 바 있었고, 요즈음 준용씨가 특사되어 돌아왔다고는 하나, 공덕리 별장은 항상 순검 10여명의 감시를 받아 그 출입조차도 뜻대로 되지 않으니, 그 울분은 누를 길이 없었다."(小早川秀雄, 『閔后暗殺記』, 105쪽)

13 杉村濬, 『在韓苦心錄』, 239쪽.

14 杉村濬, 『在韓苦心錄』 231쪽. 일본 공사관기록을 비롯한 외교문서, 고바야카와 스기무라 등을 비롯한 개인기록 등 일본측 기록 모두가 대원군이 을미사변의 핵심이고, 자발적으로 을미사변에 참여했다고 기록했다. "피고인 준은 긴요한 일로 언약하는 글을 지어 가지고 피고인 유지조가 대원군과 절친하므로, 데리고 10월 5일에 공덕리로 나아가 방금 형세가 태공을 또 수고롭게 함이 있으리라 하고, 삼포 공사의 의향이 이렇다 하여 그 글을 보이매, 대원군은 그 자손과 한가지로 흔연히 허락하고, 언약하는 글을 스스로 지은지라."(市川正明編, 「開國五百四年八月事變報告書」 『韓國王妃殺害事件』, 437-438쪽)

15 杉村濬, 『在韓苦心錄』, 239쪽.

8장 대원군의 침묵과 개화파의 참가

1 『駐韓日本公使館記錄』, 9권, 「朝鮮事件에 대한 大院君의 辨駁書公表를 놓고 美國人과 大院君 간에 往復한 文書」), 1896년 5월 15일, 特命全權公使 小村壽太郎→外務大臣 陸奧宗光, 178쪽 . "켄터키 출신의 그레이트하우스는 조선의 법률 고문이었으며 법률 절차를 알려주고 이 나라 법률의 원칙을

세우고 그것을 적용하는 일에 많은 공헌을 했다. 꿋꿋하고도 일관된 자세로 코리아 인을 위해 힘쓴 공로로 보아 그는 브라운에 버금가는 인물이라 할 수 있었다."(William F. Sands저, 김훈역, 『조선의 마지막 날, 미완』, 1986, 49~50쪽)

2 『駐韓日本公使館記錄(9)』, 「朝鮮事件에 대한 大院君의 辨駁書公表를 놓고 美國人과 大院君 간에 往復한 文書」, 1896년 5월 15일, 特命全權公使 小村壽太郎→外務大臣 陸奧宗光, 179쪽. "마침 대원군이 시폐를 분히 여겨 스스로 궁중을 혁심하여, 보익하는 소임을 극진히 하고자 하는 뜻을 가지고, 가만히 조력함을 와서 구하기로,"(市川正明編, 「開國五百四年八月事變報告書」 『韓國王妃殺害事件』, 437쪽) 히로시마재판소(廣島裁判所)는 대원군의 요청에 따라 일본 공사가 명성황후 살해를 모의했다고 주장하고 있다.

3 АВПРИ. Ф.150. Оп.493. Д.82. Лл.3-8

4 АВПРИ. Ф.150.Оп.493.Д.6.Л.230об-231 ; 『뮈텔주교일기』, 1895.10.31, 413쪽.

5 『동아일보』 1930년 1월 29일, 권동진-한말정객의 회고담.

6 김홍집은 1868년 별시문과에 급제하여 승정원(承政院)에서 근무를 시작하였다. 1880년 6월에 파견한 2차 수신사(修信使)의 일행으로 참여하였다. 1881년 2월부터 『조선책략』의 외교정책을 비판하는 척사운동이 전개되면서 관직에서 잠시 물러나기도 하였다. 얼마 후에 통리기무아문의 통상사당상(通商司堂上)의 직책을 맡았다. 1884년 9월에 예조판서와 독판교섭통상사무(督辦交涉通商事務)를 겸임하면서 대외교섭의 담당자가 되었다. 김홍집은 1894년 군국기무처(軍國機務處)를 중심으로 근대적 개혁을 추진하였다. 일본의 개입으로 박영효, 서광범 등 갑신정변 주도세력이 참여한 연립내각이 구성되었지만, 박영효와의 갈등으로 총리대신에서 사임하였다. 1895년 박영효 역모사건이 발생하여 박영효가 재차 일본으로 망명하자 3차 내각을 책임졌다.(『한국근대외교사전』, 성대출판부, 2012, 88쪽)

7 АВПРИ. Ф.150.Оп.493.Д.6.Л.230

8 이노우에는 1835년 조슈(長州) 번(藩)에서 하급 사무라이의 아들로 태어났다. 1863년 이토 히로부미(伊藤博文) 등 3명의 동지를 규합하여 해군학술연구를 위해 비밀리에 영국으로 도항한 후 개국화친(開國和親)으로 사상적 전환을 하였다. 1875년 12월 원로원(元老院) 의관(議官)에 임용됨과 동시에, 특명부전권관리대신(特命副全權辦理大臣)으로 지명되어 조일수호조규의 체결을 강제하기 위해 조선에 파견되었다. 1882년 7월 조선에서 임오군란이 발생하자 이노우에는 내각의 명에 따라

시모노세키(下關)에 출장하여 전권위원으로 조선에 파견된 하나부사 요시모토(花房義質) 공사를 지휘하였다. 1884년 12월 갑신정변이 실패하자 외무경 이노우에는 스스로 전권관리대신으로 부임하여 교섭을 진행했다. 1892년 8월 2차 이토 히로부미 내각이 성립되자 이노우에는 내무대신에 취임하였다. 이노우에는 일본의 보호국화 정책을 실현시키기 위해서 1894년 11월 한국정부에 20개조에 달하는 내정개혁안을 제시하고 실행을 강요하였다. 그 과정에서 이노우에는 1894년 12월부터 1895년 3월에 이르기까지 여러 차례에 걸쳐 무쓰 외상에게 조선 정부에 대한 차관제공에 대한 정책건의를 제출하였다. 하지만 차관계약 조건이 가혹하여 조선 정부의 반발을 초래하였다. 그 때문에 이노우에가 추진하였던 궁중의 비정치화나 행정제도의 개혁 및 이권의 획득 등을 제대로 달성할 수 없었다.(『한국근대외교사전』, 성대출판부, 2012, 419~423쪽)

9　ΑΒΠΡИ. Φ.150.Оп.493.Д.6.Л.230об

10　ΑΒΠΡИ. Φ.150.Оп.493.Д.6.Л.231

11　『高宗實錄』, 34년 11월 22일. 궁내부 특진관 민영소가 행록의 초고를 기초했다.

12　『동아일보』, 1930년 1월 29일, 한말정객의 회고담.

13　"이 음모에 간여한 사람은 일본사람 강본류지조 외 일본인 삼사십명이 있었으며 우리사람 편으로는 개혁파의 관계자는 물론 전부 참가하였지오. 정부대신을 비롯하여 훈련대 제일대 제이대장, 내백형 권형진 등도 획책에 가담하였으며, 직접파로는 훈련대외 일본사관 학교생이든 우리 8명이 활동하였는데 그 성명은 정난교 조희문(趙羲聞) 이주회 유혁노 구연수 외 김모 외다."(『동아일보』, 1930년 1월 29일, 한말정객의 회고담)

9장 대원군의 출발

1　小早川秀雄, 『閔后暗殺記』, 83쪽; F.O. 405. Part VI. Inclosure in 2 No.86 pp.42-43. 岡本柳之助를 중개로 협의한 대원군을 일어서게 하기 위하여, 7일 저녁 岡本·堀口 등을 孔德里로 파견하여 대원군의 입궐을 권하고 장사패로 하여금 이를 호위시켰다. 또 훈련대와 일본수비병의 일부가 도중에서 대원군을 호위하여 王宮으로 인도시켰다.(『駐韓日本公使館記錄(8)』, 「明治二十八年十月八日王城事變ノ顚末ニ付具報」, 1895년 11월 5일, 內田定槌→西園寺, 82쪽)

2 小早川秀雄,『閔后暗殺記』, 84쪽;『駐韓日本公使館記錄(8)』,
「明治二十八年十月八日王城事變ノ顚末＝付具報」, 1895년 11월 5일,
內田定槌→西園寺, 81쪽.

3 信大淳平,『韓半島』, 東京堂書店, 1901

4 『알렌의 일기』, 1885.2.10, 56쪽

5 숭례문은 건축 방식이 화강암을 바른 층쌓기로 다듬어 쌓아 올렸다.
중앙부에 무지개 모양의 문인 '홍예문'을 낸 석축 기단 위에, 사방을 볼 수
있는 문루(門樓)를 얹었다.(박도,『개화기와 대한제국』, 2012, 눈빛, 338-
339쪽)

6 小早川秀雄,『閔后暗殺記』, 84쪽

7 小早川秀雄,『閔后暗殺記』, 86쪽. "모든 무리들은 유지조의 지휘대로
공덕리에 이르러 이주회의 일행과 함께 그 이튿날 팔일 인시(3-5시)에
대원군의 교자를 옹위하고 떠났는데, 그때에 피고 岡本柳之助는 바깥문
앞에서 무리를 모아 성에 들어간 후에 임시 처사함이 가하다고 영을 내려 써,
왕후폐하 살해할 일을 가르치고"(市川正明編,「開國五百四年八月事變報告書」
『韓國王妃殺害事件』, 439쪽)

8 까를로 로제티,『꼬레아 꼬레아니』, 숲과나무, 1996, 52쪽

9 小早川秀雄,『閔后暗殺記』, 85-86쪽;『駐韓日本公使館記錄(7)』,
「王妃弑害事件과 수습 경위 1」, 1895년 10월 7일, 三浦→西園寺, 204쪽.

10 小早川秀雄,『閔后暗殺記』, 93쪽; 市川正明編,「開國五百四年八月事變報告書」
『韓國王妃殺害事件』, 439쪽.

11 小早川秀雄,『閔后暗殺記』, 86쪽; F.O. 405. Part Ⅵ. Inclosure No.79
p.39. 주한 영국총영사 힐리어는 1895년 10월 10일 청국주재 영국공사
오커너에게 다음과 같이 보고했다. "도시의 출입문은 닫혔지만, 문은 요구에
따른 허가를 통해서 열려졌고, 일행은 대궐의 정문으로 직접 진출했다."(F.O.
405. Part Ⅵ. Inclosure in 3 No.8, pp.43). "장교가 병사들에게
전투준비의 명령을 내렸다. ...우리들은(일본 수비대) 한국 병사들을 믿을 수
없었기 때문에 일본 병사들을 앞뒤로 배치해서 나가기로 했다."(小早川秀雄,,
『閔后暗殺記』, 91쪽)

10장 미우라 공사의 정변 계획

1 杉村濬,『在韓苦心錄』, 238쪽;『駐韓日本公使館記錄(8)』,

「明治二十八年十月八日王城事變ノ顚末ニ付具報」, 1895년 11월 5일, 內田定槌→西園寺, 80쪽. 미우라는 "그저께부터 궁중에서 갑자기 훈련대의 총기를 거둬들였으며 부대를 해산하고 대장을 엄벌하려는 심의가 있었다는 풍문을 전해 듣고 일시에 격앙해서 결국 대원군을 받들고 왕궁으로 밀어닥친 것으로 추측됨. 본관은 국왕의 召命을 따라 6시경 입궐했다"고 밝혔다.(『駐韓日本公使館記錄(7)』, 「王妃弑害事件과 수습 경위 1」, 1895년 10월 7일, 三浦→西園寺, 204쪽)

2 『駐韓日本公使館記錄(10)』, 「三浦公使事件의 再審裁判 開始에 대한 朝鮮公使 來談 件」, 1896년 8월 1일, 外務大臣 侯爵 西園寺公望→在朝鮮 特命全權公使 原敬, 45쪽.

3 鳥谷部春汀著, 『明治人物評論』 2冊, (東京 : 博文館, 1900), 168-169쪽.

4 미우라는 1846년 죠슈번(長州藩) 무사의 아들로 태어났다. 기병대에 입대했던 미우라는 1871년 병부 소승(少丞)에 임명되었다. 그는 1877년 세이난전쟁(西南戰爭) 당시 3여단 사령관으로 참전했다. 미우라는 1878년 육군 중장으로 승진하면서 서부관군부장(西部監軍部長)에 임명되었다. 그는 1883년 육군경(陸軍卿) 오야마(大山巖)와 함께 러시아, 독일, 이탈리아 등 유럽의 병제를 시찰했다. 그는 1890년 7월 귀족원(貴族院) 의원에 당선되었지만 1891년 9월 의원직을 사직했다.(三浦梧樓, 樞密院高等官轉免履歷書, 大正ノ二, 1-9쪽(國立公文書館-內閣-樞密院會議文書-樞密院文書).

5 三浦梧樓, 『觀樹將軍回顧錄』, (東京 : 政教社, 1925), 319-320, 340쪽. 헐버트는 "극단적인 과격파의 대표자로서 미우라 자작이 공사로 임명된 것으로 보인다. 그는 일을 신속하게 처리하도록 사명을 받았다"고 기록했다.(헐버트저, 신복룡역, 『대한제국멸망사』, 집문당, 2006, 173쪽)

6 陸奧宗光, 『蹇蹇錄』, 1896, p25-26(外務省外交史料館-外務省記錄-1門政治-1類帝國外交-1項一般政策).

7 『駐韓日本公使館記錄(8)』, 「三浦梧樓의 駐韓公使 赴任 件」, 1895년 9월 3일, 三浦→西園寺, 29쪽.

8 『駐韓日本公使館記錄(7)』, 「三浦公使의 부임과 前任公使의 去就, 寄贈金 問題 등 3」, 1895년 9월 4일, 井上馨→西園寺, 198쪽.

9 『駐韓日本公使館記錄(5)』, 「木浦와 鎭南浦에 特別居留地 設定의 件」, 1895년 9월 18일, 西園寺公望이 三浦梧樓; 『駐韓日本公使館記錄(5)』, 「齋藤修一郎을 內部顧問官으로 정식 초빙하는 件 2」, 1895년 9월 18일, 三浦梧樓→박정양.

10 『駐韓日本公使館記錄(7)』, 미우라-가와카미, 1895년 9월 19일, 525쪽 : 金文子, 『朝鮮王妃殺害と日本人』, 高文研, 2009, pp.138-139

11 "대본영 육군 중장 자작 가와카미 소로쿠(川上操六). 323호 남부병참감에 대한 훈령, 1895년 9월 22일 : 김문자, 2011, 158쪽. 당시 부산 의주 및 서울 인천 간의 병참선 상에 후비 보병 6연대, 후비 보병 10연대 제1대대, 후비 보병 19대대가 배치되었다. 대본영 직할이었던 경성수비대의 후비 보병 18대대, 원산수비대의 후비 보병 6연대 2중대도 보급 면에서는 남부병참감이 담당했다. 총 6000명이 넘는 병력이 주둔하고 있었다.(김문자,『명성황후 시해와 일본인』, 태학사, 2011, 164쪽)

12 김문자,『명성황후 시해와 일본인』, 태학사, 2011, 241쪽

13 『駐韓日本公使館記錄(7)』,「宮中 越權에 관한 보고」, 1895년 10월 2일, 三浦→西園寺, 203쪽;『駐韓日本公使館記錄(7)』,「王室의 專橫과 雲山採鑛 約定 解約 件」, 1895년 10월 7일, 三浦→西園寺, 204쪽.

14 『駐韓日本公使館記錄(7)』,「朝鮮國 내에 있는 軍用電線 보호를 위한 憲兵 파견 件」, 1895년 10월 3일, 西園寺公望→三浦梧樓 , 99쪽.

15 杉村濬,『在韓苦心錄』, 228쪽;『뮈텔주교일기』, 1895.10.21, 391쪽; "공사관 서기관 杉村濬은 일찍이 영사와 공사를 거쳐 조선에 駐在한 것이 여러 해인데 시해하는 흉모에 관련되어 그 사건을 방조했다"(『駐韓日本公使館記錄』 10권, 三浦公使事件의 再審裁判 開始에 대한 朝鮮公使 來談 件, 1896년 8월 1일, 外務大臣 侯爵 西園寺公望→在朝鮮 特命全權公使 原敬 , 45쪽) "杉村 서기관은 홀로 三浦 공리와 이에 使役된 조선 사람 사이에서 진력했을 뿐 아니라 미우라 공사와 유력한 조선인과의 사이에서 바삐 움직였던 자입니다."(『駐韓日本公使館記錄』 8권,「明治二十八年十月八日王城事變ノ顚末ニ付具報」, 1895년 11월 5일, 內田定槌→西園寺, 87쪽)

16 杉村濬,『在韓苦心錄』, 10월 1-2일 사이, 229쪽

17 ＡＢПＰИ. Ф.150.Оп .493.Д.6.Л.78об ;『駐韓日本公使館記錄(7)』,「王妃弑害事件과 수습 경위 1」, 1895년 10월 7일, 三浦→西園寺, 204쪽.

18 『駐韓日本公使館記錄(7)』, 1895년 10월 14일, 三浦공사→西園寺, 212-213쪽.

19 『駐韓日本公使館記錄(8)』,「明治二十八年十月八日王城事變ノ顚末ニ付具報」, 1895년 11월 5일, 內田定槌→西園寺, 83쪽.

20 『駐韓日本公使館記錄(7)』,「王妃弑害事件과 수습 경위 6」, 1895년 10월 8일, 三浦공사→西園寺, 206-207쪽,

11장 일본 공사관의 긴박한 움직임

1 杉村濬, 『在韓苦心錄』, 230쪽; 市川正明編, 「開國五百四年八月事變報告書」
『韓國王妃殺害事件』, 437쪽.

2 杉村濬, 『在韓苦心錄』, 231쪽; 三浦梧樓, 觀樹將軍回顧錄, 東京 :
政敎社, 1925, 329~330쪽; 市川正明編, 「開國五百四年八月事變報告書」
『韓國王妃殺害事件』, 438쪽. 정교와 고바야카와는 오카모토의 이름을
한번도 거론하지 않았다.

3 杉村濬, 『在韓苦心錄』, 233쪽. 평리원(平理院) 선고문에 따르면
권형진(權瀅鎭)은 1900년 5월 "8월 변란의 하루 전에 조희연, 이두황과
함께 스기무라(杉村濬)의 부름을 받고 그 이튿날 일에 대하여 듣고 그의
아우 권동진(權東鎭)과 조희연의 사촌 동생 조희문(趙義聞)과 함께 대궐에
들어갔다."(『高宗實錄』, 37년 5월 27일).

4 杉村濬, 『在韓苦心錄』, 231쪽.

5 『高宗實錄』, 32년 8월 20일.

6 杉村濬, 『在韓苦心錄』, 235쪽.

7 杉村濬, 『在韓苦心錄』, 236쪽; 제4회 보고, 『舊陸海軍文書』(강창일,
『근대일본의 조선침략과 대아시아주의』, 역사비평사, 2003, 125쪽);
市川正明編, 「開國五百四年八月事變報告書」『韓國王妃殺害事件』, 438쪽 ;
『駐韓日本公使館記錄(8)』, 「明治二十八年十月八日王城事變ノ顚末=付具報」,
1895년 11월 5일, 內田定槌→西園寺, 82쪽.

8 杉村濬, 『在韓苦心錄』, 239쪽.

9 杉村濬, 『在韓苦心錄』, 237~238쪽; 市川正明編,
「開國五百四年八月事變報告書」『韓國王妃殺害事件』, 438쪽; "아다치와
함께 이동한 일본 자객은 重光, 烈盛 등 이었다. 淺山顯藏은 이주회가
그의 부하와 함께 규합되자 공덕리로 향했다. 오카모토는 공덕리에서
이주회 일행과 결합하였고, 현장을 총지휘했다."(鄭喬, 大韓季年史,
112쪽) "佐藤은 어젯밤부터 다른 壯士輩와 함께 먼저 岡本柳之助
등과 용산에서 만나 그곳에서 그들을 이끌고 孔德里에 이르러
대원군을 모시고 왕궁으로 들어갔다."(『駐韓日本公使館記錄(8)』,
「明治二十八年十月八日王城事變ノ顚末=付具報」, 1895년 11월 5일,
內田定槌→西園寺, 81쪽)

12장 일본 정부의 조직적 개입

1 쓰노다 후사코,『최후의 새벽』, 조선일보사, 1999, 370쪽.

2 무쓰는 와카야마(和歌山) 현(縣)의 고위 관리의 아들로 태어났고, 15살에 에도(江戶), 쿄토(京都)로 가서 존왕양이(尊王攘夷) 운동에 가담했다. 그는 메이지 정부 수립 후 외국사무국에서 일했으며 1871년 가나가와(神奈川) 현(縣) 지사를 거쳤다. 1874년 사쓰마(薩摩)와 조슈(長州) 출신의 정치가가 정권을 독점하자 불만을 품고 사직했다. 1877년 세이난전쟁(西南戰爭) 때 반정부 세력에 가담하여 1882년까지 투옥되었다. 석방 뒤 신정부의 실력자인 이토(伊藤博文)의 주선으로 구미를 견학했다. 귀국 후 무쓰는 외무성에 들어가 1888년 주미공사로 워싱턴에서 근무했으며 1890년 제1차 야마가타(山縣) 내각의 농상무대신이 되었다. 무쓰는 1897년 도쿄(東京)에서 사망했다.(中塚明,『蹇蹇錄の世界』, 東京: みすず書房, 1992, 2~7쪽; 陸奧宗光(國立公文書館-內閣-樞密院會議文書-樞密院文書-樞密院高等官轉免履歷書 明治ノ一). 무쓰는 19세기 말 외무대신으로 대외정책을 주도했기 때문에 그에 대한 연구는 활발히 진행되었다. 무쓰의 성장배경, 세계관과 외교론에 대해서는 국내에 일부 소개되었다(박영재, 「1890년대 일본의 외교과 외교론: 무츠 무네미츠(陸奧宗光)를 중심으로」, 『국사관논총』 60집, 1985).

3 陸奧宗光,『蹇蹇錄』, 1896, 25~26쪽(外務省外交史料館-外務省記錄-1門政治-1類帝國外交-1項一般政策).

4 陸奧宗光,『蹇蹇錄』, 1896, 62쪽(外務省外交史料館-外務省記錄-1門政治-1類帝國外交-1項一般政策).

5 陸奧宗光,『蹇蹇錄』, 1896, 3쪽(外務省外交史料館-外務省記錄-1門政治-1類帝國外交-1項一般政策).

6 杉村濬,『在韓苦心錄』, 123쪽.

7 陸奧宗光,『蹇蹇錄』, 1896, 157쪽(外務省外交史料館-外務省記錄-1門政治-1類帝國外交-1項一般政策).

8 陸奧宗光,『蹇蹇錄』, 1896, 420쪽(外務省外交史料館-外務省記錄-1門政治-1類帝國外交-1項一般政策)

9 芳川顯正→陸奧宗光, 1895.6.20(憲政資料室):『한국일보』, 2005. 10. 6. 최문형에 따르면 명성황후 시해는 이노우에 가오루(井上馨)가 한국 문제에 대한 전결권을 가지고 주도한 사건이었다. 그리고 일본 정부가 이를 승인하는 형식을 취했다. 1895년 7월 10일을 전후해 결국 왕후 제거로

방침을 결정했다. 야마가타가 폐병으로 요양 중인 무쓰에게 보낸 7월 8일자 서신과 사이온지가 무쓰에게 보낸 같은 날짜의 서신을 통해 이를 알 수 있다. 야마가타가 요양 중인 무쓰 외상에게 보낸 7월 8일자 서신 및 아오키 슈조(青木周藏) 주독 공사의 7월 5일자 국제 정황 보고, 그리고 일본이 심어놓은 박영효가 민황후에 의해 축출되었다는 7월 6일자 한국정황 보고를 통해 결단의 시기가 도래했음을 알리고 있다.(최문형, 『한국 근대의 세계사적 이해』, 지식산업사, 2010, 115-116쪽)

10 杉村濬, 『在韓苦心錄』, 228쪽.

11 『日本外交文書』 28-1, 무쓰-사이온지, 1895년 10월 9일, 362쪽 : 김문자, 2011, 217쪽

12 『Ноное Времяʼ (노보예브레먀)』, 1903.12.21 No. 9986.

13 주한 러시아 공사 베베르는 을미사변을 "왕 또는 왕비 당에 속하는 모든 조선인을 겨냥한 것"이라고 판단했다.(АВПРИ. Ф.150.Оп.493.Д.6.Л.87)

13장 이학균의 다급한 목소리

1 АВПРИ. Ф.150.Оп.493.Д.6.Л.73об.

2 『日省錄』高宗 27年 閏2月 26日

3 "남북전쟁의 용사 다이 장군은 그랜트 대통령의 명에 따라 터키에서 파견된 이집트 총독에게 고용되었다가 지금은 조선의 군사 학교 교장으로 있다. 이 학교는 다이장군이 도쿄에 있는 육군사관학교로 보낸 6명의 한국인 사관생도들이 모두 반에서 최상위급의 성적으로 졸업할 정도로 우수한 인재를 많이 배출했다."(William F. Sands저, 김훈역, 1986, 49쪽)

4 АВПРИ. Ф.150.Оп.493.Д.6.Л.69.

5 이학균은 1895년 5월 궁내부(宮內府) 참리관(參理官)에 임명되었다. 아관파천 이후 이학균은 1897년 영선사장(營繕社長), 1898년 무관학교(武官學校) 교장, 1899년 원부수(元帥府) 검사국장(檢事局長) 등을 역임했다. 서양인 고문 샌즈에 따르면 "한때는 다이의 부관으로 있다가 지금은 군사 학교의 교장이 된 이학균이 있었다. 그 역시도 좋은 친구였다. 러일전쟁이 발발하자 그는 현상건과 함께 상해로 피신했는데 거기서 아편에 중독되어 찌든 가난 속에서 죽었다."(William F. Sands저, 김훈역, 1986 167쪽)

6 АВПРИ. Ф.150.Оп.493.Д.6.Л.123об 훈련대가 일본 군대에게

훈련받은 군사였기 때문에, 고종은 훈련대를 약화시키기 위해서 자신의 측근인물인 홍계훈을 훈련대 연대장으로 임명했다.

7 홍계훈은 1888년 충청병사를 역임하였다.(『高宗實錄』; 『日省錄』; 『承政院日記』)
8 АВПРИ. Ф.150.Оп.493.Д.6.Лл.69об.
9 АВПРИ. Ф.150.Оп.493.Д.6.Л.123об.

14장 춘생문과 추성문

1 АВПРИ. Ф.150.Оп.493.Д.6.Л.73об.
2 АВПРИ. Ф.150.Оп.493.Д.6.Л.123об.
3 АВПРИ. Ф.150.Оп.493.Д.6.Л.73об.
4 АВПРИ. Ф.150.Оп.493.Д.6.Л.74.
5 АВПРИ. Ф.150.Оп.493.Д.6.Л.71об; NARA. Despatches from U.S. Ministers to Korea 1895~1896, M.134 Roll.12 Enclose 3 No.157 p. 2.
6 구스노세는 1858년 3월 도사번(土佐藩) 사족의 장남으로 고치성(高知城)에서 태어났다. 1875년 육군유년학교에 입학, 2년 후 육군사관학교에 진학했다. 그는 1881년 4월 프랑스 그로노블시의 포병연대로 유학을 떠났다. 1890년 5월 소좌로 승진하고, 참모본부에 근무하였다. 그는 1892년 4월 주러 일본 공사관 무관에 임명되었다.(김문자, 『명성황후 시해와 일본인』, 태학사, 2011, 237~251쪽)
7 강창일, 『근대일본의 조선침략과 대아시아주의』, 역사비평사, 2003, 136쪽 ; 朝日新聞 1896. 1. 18~19, 군법회의 판결문 : 朴宗根, 『日淸戰爭と朝鮮』, 靑木書店, 1982, 262쪽. 대령 홍계훈(Hung)의 사위(또는 양자)는 "대궐 북동문에서 한국인 군대를 이끌었던 일본 군대 지휘자의 이름은 뮤라타(Murata)이고 그는 300명가량의 군대와 같이 있었다"라고 증언했다.(F.O. 405. Part Ⅵ. Inclosure in 6 No.128 p. 110)
8 주한일본 공사관기록(2), (66)「公使館守備兵 派遣通知의 件」「別紙」後備步兵 第18大隊長에게 訓令, 1894년 11월 1일, 外務大臣 子爵 陸奧宗光-在朝鮮 特命全權公使 伯爵 井上馨
9 김문자, 명성황후 시해와 일본인』, 태학사, 2011, 248~249쪽
10 구니토모 시게아키(國友重章, 1861-1909)는 1898년 동아동문회가

만들어지자 조선부 간사로서 활동했다. 1900년 국민동맹회를 결성, '지나보전'과 '조선장악'을 주장했다. 그는 생전에 "내가 죽거든 뼈를 장백산에 묻어달라"고 했다.(강창일, 2003, 143쪽)

11 菊池謙讓, 『近代朝鮮史』, 下 京城: 鷄鳴社, 1939, 406~407쪽; 朴宗根, 『日淸戰爭と朝鮮』, 靑木書店, 1982, 236~237쪽; 井上馨關係文書, 第20冊, 陸奧宗光書翰 井上馨宛, 明治28年3月3日, 渡韓自由党員田中賢道紹介; 『駐韓日本公使館記錄(8)』, 「明治二十八年十月八日王城事變ノ顚末ニ付具報」, 1895년 11월 5일, 內田定槌→西園寺, 97~98쪽. "荒尾精,高橋健三,陸實,古莊嘉門,田中賢道,柴四朗,國友重章,福本誠 등이 參加해서 玄洋社의 志士二百餘名을 組織"(東亞先覺志士記傳 4. 天佑俠の活躍(二) 당시 1조에 참여했던 고바야카와는 그의 기록에서 광화문에서 2조와 합류했다고 언급하지 않았다.(小早川秀雄, 『閔后暗殺』, 東京: 筑摩書房, 1962 : 小早川秀雄, 『閔后暗殺記』, 汎文社, 1965, 92쪽, 1965) 사바쩐에 따르면 일본 자객은 후문으로 침입했다. 먼저 건청궁에 도착한 2조의 인물 중 쿠니토모(國友重章)는 왕비 암살의 혐의를 받았다.(『駐韓日本公使館記錄(8)』, 「明治二十八年十月八日王城事變ノ顚末ニ付具報」, 1895년 11월 5일, 內田定槌→西園寺, 86쪽). "그중 피고인 平山岩彦 외에 십수 명은 피고인 겸장 중장 등으로 더불어 왕후폐하를 살해하기로"(市川正明編, 『日韓外交史料(5): 韓國王妃殺害事件』, 東京:原書房, 1981: 「開國五百四年八月事變報告書」 『韓國王妃殺害事件』, 1987, 高麗書林, 439쪽) "훈련대 제1대(이두황)는 경복궁을 포위하고 제2대(우범선)는 광화문으로 들어가기로 하였었는데 제일대장 이두황은 위인이 유약함으로 그 전날 일본 영사관으로 불러다두고 중대장 이범래로 하여금 대리케 하였지오"(『동아일보』 1930. 1. 29. 한말정객의 회고담).

12 아다치는 삿사(佐佐友房)가 교장으로 있던 제제횡(濟濟黌)이라는 학교에서 공부하여 사제지간의 연을 맺었다. 아다치는 1889년 오쿠마(大隈重信)의 조약 개정에 대한 반대운동 당시 미우라 고로와 친분을 형성하였다. 국위 신장과 국권 확장을 주장하는 구마모토국권당은 청일전쟁을 계기로 조선에서 신문 발행 사업에 착수하였다.(강창일, 2003, 140쪽; 김문자, 『명성황후 시해와 일본인』, 태학사, 2011, 321, 330쪽)

13 安達謙藏, 自敍傳, 66쪽 : 김문자, 『명성황후 시해와 일본인』, 태학사, 2011, 343쪽

14 安達謙藏, 自敍傳, 48쪽 : 김문자, 『명성황후 시해와 일본인』, 태학사, 2011, 342쪽. 사장 아다치는 그의 회고록에서 말했다. "미우라 씨가 나에게 계획을 털어놓았다. 나는 신문사에 수십 명이나 되는 자를 데리고 있으니까 나를

통하지 않고서는 장사를 변통하지 못하는 것이다... 날이 샐 무렵 광화문으로 들어갔고, 그리고 나서 빠른 걸음으로 대원군을 메고 궁 안에 들어갔다. 그 소식을 듣고 어떤 연대장이 병사를 이끌고 왔고, 거기서 총질이 시작되었다. 우리는 문 안에 들어가 있었다. 나중에 일본 병사가 왔고, 그 연대장은 일본 장교가 권총으로 사살했지요."(安達謙藏氏談話速記, 憲政史編纂會舊藏 政治談話速記錄, 1券, ゆまに書房, 1998, p.29~32 : 김문자, 2011, 321쪽)

15 고쿠부은 쓰시마시 이즈하라(嚴原)에서 사족의 장남으로 태어났다. 1879년 8월 부산영사관의 통역수습에 임명되었다. 1880년에는 도쿄외국어학교의 한국어학과에 입학하였다. 1888년 주한 일본 영사관 서기생, 1892년 주한 일본 공사관 서기생으로 근무하였다.(다테노 아키라 편저, 『그때 그 일본인들』, 한길사, 2006, 106~109쪽)

16 小早川秀雄, 『閔后暗殺記』, 94쪽, 1965.

17 조희연은 1874년 9월 무과에 급제하였다. 그는 1887년 군기시찰을 위해 상해, 홍콩, 도쿄 등을 방문하였다.(『대한제국관원이력서』, 778쪽; 『조선신사대동보』, 37쪽;『조선신사보감』, 귀족 42)

18 『駐韓日本公使館記錄(1)』, (8)「淸國軍 派韓反應과 淸使의 對應」, 1894년 7월 3일, 特命全權公使 大鳥圭介-外務大臣 陸奧宗光

19 防衛研究所 千代田史料, 後備步兵 第18大隊, 明治二十七年役 第5師團陣中日誌, 15券, p.185 ; 김문자, 2011, 257~258쪽

20 『駐韓日本公使館記錄(7)』,「10월 8일 事變(王妃弑害事件)의 犯人處分 件」, 1895년 12월 30일, 小村 →西園寺, 73쪽. "禹範善이 출중한 줄 알엇다. 禹는 무엇보다 膽力에 出衆하엿다 …… 그는 閔妃事變때도 가장 先鋒에 서서 활약하고 일을 지른 分量도 만하엿소다. 軍人중으로는 主動者가 그엇스니까"(『삼천리』제6권 제5호, 1934. 5. 1. 권동진-韓末人物의 回想).

21 우범선은 1881년 별기군(別技軍)의 참령관(參領官) 출신이었다. (반민족문제연구소 엮음, 『실록 친일파』, 돌베개, 1991, 46~47쪽) 아관파천 이후 일본으로 망명한 우범선 1903년 12월 고영근(高永根)에 의해 살해되었다.

22 『駐韓日本公使館記錄(8)』,「明治二十八年十月八日王城事變ノ顚末=付具報」, 1895년 11월 5일, 內田定槌→西園寺, 88쪽.

23 市川正明編,「開國五百四年八月事變報告書」, 『韓國王妃殺害事件』, 452쪽.

24 정교에 따르면 훈련대 병사는 대대장의 명령을 받고 경복궁에 들어갔다. 일본 병사는 훈련대 병사에게 책임을 전가시키기 위해서 건청궁에 들어가도록 허락했다.(鄭喬, 『大韓季年史』, 上, 1957, 115쪽) "이 사변에 간섭한 일인들이 평복을 바꾸어 입고 환도와 호신포를 몸에 지니고 대궐에 들어왔는데, 그 속에 자객 아닌 자가 많으니, 조선 정부에서 월급을 주는

고문관과 일본 공사관에 있는 순사들이 자객과 일병으로 함께 궐내에 들어간 자가 대저 60명이 되는지라."(市川正明編, 「開國五百四年八月事變報告書」 『韓國王妃殺害事件』, 453쪽) "훈련대 참위 윤석우는 20일 새벽에 대대장이 영하되, 이전과 같이 야조를 행할 터이니 군사를 거느리고 대궐 뒤로 행군하여 나가라 하거늘, 이 사람이 영을 좇아 일본 교사로 함께 나간즉, 대궐 문이 열렸고, 대대장 일인이 있어 경무대 앞으로 좇아 군사를 이끌고 대궐로 들어가라 영하매, 대궐로 나아간즉 요란함이 이미 지난지라. 각문에 파수하는 군사를 두라 하는 영이 있어, 파수 병정을 분파하기를 위하여 두루 다니다가"(市川正明編, 「開國五百四年八月事變報告書」, 『韓國王妃殺害事件』, 449쪽)

15장 한 발의 총성

1 АВПРИ. Ф.150.Оп.493.Д.6.Л.124.

2 АВПРИ. Ф.150.Оп.493.Д.6.Л.74; АВПРИ. Ф.150.Оп.493.Д.6.Л.70 "변란을 일으킨 많은 일본인 등이 각각 環刀 및 호신용 권총을 휴대하고 수백 명의 日兵이 또한 軍器를 휴대하고 그 士官 및 다른 일본인이 명령에 따라 대군주 폐하, 왕후 폐하 및 왕께서 돌보시는 眷率이 계시는 殿閣에 돌입했다."(『駐韓日本公使館記錄(10)』, 「三浦公使事件의 再審裁判 開始에 대한 朝鮮公使 來談 件」, 1896년 8월 1일, 西園寺公望→原敬, 42쪽)

3 АВПРИ. Ф.150.Оп.493.Д.6.Л.74.

4 鄭喬, 『大韓季年史』, 118쪽.

5 АВПРИ. Ф.150.Оп.493.Д.6.ЛЛ.69об; АВПРИ. Ф.150.Оп.493.Д.6.Л.71об; NARA. Despatches from U.S. Ministers to Korea 1895-1896, M.134 Roll.12 Enclose 3 No.157 p.4; 小早川秀雄, 『閔后暗殺記』, 88쪽, 1965; F.O. 405. Part Ⅵ. Inclosure in 6 No.128 p. 110.

6 中塚明, 『1894년, 경복궁을 점령하라』, 푸른역사, 2000, 28-31쪽

7 防衛研究所 千代田史料, 明治二十七年役 第5師團陣中日誌, 5券, p.679; 김문자, 2011, 333쪽

8 中塚明, 『1894년, 경복궁을 점령하라』, 푸른역사, 2000, 72-76쪽. 1890년 완성된 함화당(咸和堂)은 '모두 화합하다'는 의미였다.(金永壽, 咸和堂上樑文,

荷亭集, 卷之四, 庚寅十月) 함화당은 7칸(間)의 건물로 팔작(八作) 지붕 형태였다. 함화당은 외국 사신을 접견하는 장소였다.(『承政院日記』高宗 29年 8月 1日)

16장 무청문의 총격전

1 АВПРИ. Ф.150.Оп .493.Д.6.Л.126о б
2 АВПРИ. Ф.150.Оп .493.Д.6.Л.124.
3 АВПРИ. Ф.150.Оп .493.Д.6.Л.124о б .
4 АВПРИ. Ф.150.Оп .493.Д.6.Л.124о б .
5 西洋殿(европейский дом)으로도 불림.
6 АВПРИ. Ф.150.Оп .493.Д.6.Л.74; 유홍준, 위의 책, 2007, 눌와, 29쪽; 국립문화재연구소편,『북궐도형』, 2006, 국립문화재연구소, 55쪽.
7 Маленькая деревянная пристройка(작은 목재 별관). 기존 연구는 을미사변의 시해 현장을 정시합 마당으로 파악했다. 하지만 정시합의 마루는 25명의 일본 자객이 서 있기에는 매우 비좁은 장소이다. 또한 영국총영사 힐리어는 사바찐의 증언에 기초하여 "k는 왕비가 거처하는 곳으로 땅으로부터 약 6~7피트(180cm) 높이의 뜰 위에 세워져 있다"고 밝혔다.(F.O. 405. Part VI. Inclosure in 4 No.86 pp.46) 당시 2m 이상 높이의 건물은 옥호루 주변뿐이었다. 또한 사바찐은 옥호루에서 떨어진 궁녀들과의 거리가 약 10m(20~25걸음) 정도라고 밝혔다.(АВПРИ. Ф.150.Оп .493.Д.6.Л.125о б) 따라서 이러한 증언과 보고서에 기초하면 명성황후 시해사건의 현장이 곤녕합과 옥호루의 마당에서 발생했고, 사바찐은 옥호루의 측면인 곤녕합(坤寧閤) 동행각(東行閣)에서 현장을 목격했다.
8 АВПРИ. Ф.150.Оп .493.Д.6.Л.74о б ; АВПРИ. Ф.150.Оп .493.Д.6.Л.124о б .
9 АВПРИ. Ф.150.Оп .493.Д.6.Л.66.
10 『駐韓日本公使館記錄(8)』, 1895년 10월 18일, 內田定槌→小村壽太郎. 76쪽.
11 市川正明編,「開國五百四年八月事變報告書」『韓國王妃殺害事件』, 439쪽. "을미사변의 진정한 주역은 오카모토였다"(『京城日報』, 1934.03.10. 長風山人, 近代朝鮮史上に躍る人物を語る 俊傑岡本柳之助)
12 АВПРИ. Ф.150.Оп .493.Д.6.Л.66;"양 폐하께서는 때마침 내전에

계셨는데, 그 전각을 둘러싸고 각 문을 파수하여 출입을 금지하였지만 岡本柳之助가 별도의 일본인 一隊를 인솔하고 殿內에 돌입하여 이 방 저 방을 다니며 왕후 폐하를 수색했다. 왕후 폐하께서는 화를 피할 곳을 찾고 계셨으나, 이를 刀刃으로 弑逆하고 곧 聖屍를 가까운 鹿園으로 옮겨서 거의 다 태웠다."(『駐韓日本公使館記錄(10)』, 「三浦公使事件의 再審裁判 開始에 대한 朝鮮公使 來談 件」, 1896년 8월 1일, 西園寺公望→原敬, 42쪽)

13 АВПРИ. Ф.150.Оп.493.Д.6.Л.74об.
14 АВПРИ. Ф.150.Оп.493.Д.6.Л.125.
15 АВПРИ. Ф.150.Оп.493.Д.6.Л.125об.
16 АВПРИ. Ф.150.Оп.493.Д.6.Л.125об.
17 『駐韓日本公使館記錄(8)』, 1895년 10월 18일 內田定槌→小村壽太郎, 88쪽 ; 電文(11月12日), 『舊陸海軍文書』(강창일, 위의 책, 2003, 128쪽)
18 미야모토는 1894년 7월 후비(後備) 육군보병조장으로 소집되어 후비보병 18대대에 입영했다. 미야모토는 8월 14일 예비견습사관, 10월 11일 육군보병 소위로 임관되었다. 후비(後備) 18대대는 11월 4-5일 한국에 파견되었다.(金文子, 『朝鮮王妃殺害と日本人』, 高文研, 2009, pp.228-231, 255-256)
19 АВПРИ. Ф.150.Оп.493.Д.6.Л.74об.
20 АВПРИ. Ф.150.Оп.493.Д.6.Л.75.
21 АВПРИ. Ф.150.Оп.493.Д.6.Л.126.
22 В дворе помещения Кеоролевы.
23 АВПРИ. Ф.150.Оп.493.Д.6.Л.126об.

17장 광화문과 근정전

1 小早川秀雄, 『閔后暗殺記』, 1965, 87쪽
2 小早川秀雄, 『閔后暗殺記』, 1965, 88, 92쪽 ; 市川正明編, 「開國五百四年八月事變報告書」 『韓國王妃殺害事件』, 440쪽.
3 『뮈텔주교일기』, 1895.10.8, 375쪽 ; 小早川秀雄, 『閔后暗殺記』, 97쪽, 1965.
4 АВПРИ. Ф.150.Оп.493.Д.6.Л.69.
5 『뮈텔주교일기』, 1895.10.8, 375-376쪽 ; 小早川秀雄, 『閔后暗殺記』, 96쪽, 1965. "홍에게 첫 일격을 가해 그를 죽인 사람으로 모두들 일본인 남뢰(楠瀨)를 지목하는데, 이 사람은 바로 다름아닌 주한 일본인 무관

구스노세(Кусносе)로서 그전에는 뻬쩨르부르크에서 활동했던 인물입니다."(АВПРИ. Ф.150.Оп.493.Д.6.Л.76об) "대궐 문에서 대령 홍계훈(Hung)을 공격한 일본장교는 일본 공사관 무관 대령 큐수세(Kususe)인 것으로 믿어진다."(F.O. 405. Part Ⅵ. Inclosure in 6 No.128 p. 110)

6 小早川秀雄, 『閔后暗殺記』, 97쪽, 1965. 홍계훈과 구스노세의 전투가 광화문 밖이라는 기록이 있다. 하지만 위급한 상황에서 연대장인 홍계훈이 대궐을 벗어났을 가능성이 매우 적다. 홍계훈은 대궐 안에서 전투를 벌였고, 군부대신 안경수가 광화문 밖에 도착했던 것으로 보인다. 『뮈텔주교일기』 및 러시아 공사관 문서 모두 경복궁 안이라고 기록되었다. "광화문으로 들어와 乾淸宮을 향해 들어 오던 중 훈련대 연대장 副領 홍계훈을 찔러 죽이고"(鄭喬, 『大韓季年史』, 114쪽) "시위대 장병들은 대개가 본도길에 진을 치고 저항을 했기 때문에 이 길로 갔던 일본 수비대와 한국 훈련대 등은 수십분 간이나 총격전을 벌려 양쪽에 수명의 희생자를 내었다."(小早川秀雄, 97쪽, 1965)

7 뮈텔에 따르면 "홍계훈은 천주교의 실체를 깨친 뛰어난 사람이었다. 그는 내가 해 주는 천주교에 관한 말을 여러 차례 관심있게 들었으며, 내게 책들을 요청하기도 했었다"(『뮈텔주교일기』, 1895.10.8, 375~376쪽).

8 小早川秀雄, 『閔后暗殺記』, 1965, 88쪽

9 小早川秀雄, 『閔后暗殺記』, 1965, 96쪽

10 유홍준, 『건청궁 찬란했던 왕조의 마지막 기억』, 눌와, 2007, 27~29쪽; 『뮈텔주교일기』, 1895. 8. 28, 360~361쪽.

11 뮈텔주교는 1895년 8월 건청궁에서 고종을 알현하면서 장안당의 풍경을 다음과 같이 묘사했다. "일부러 반쯤 열어 놓은 몇 군데의 벽면 사이로 궁녀복을 입은 여자들이 오가는 모습이 보인다. 왕의 뒷면에 있는 벽면들 중의 하나에는 눈높이 정도의 종이로 되어 있는 부분에 비밀스런 구멍이 하나 뚫려 있다. 틀림없이 누군가가 우리를 관찰하고 있는 모양이다"(『뮈텔주교일기』, 1895. 8. 28, 365쪽).

12 장안당의 동행각은 6칸으로 남쪽에 초양문이라 불리는 사각문이 있었고, 서쪽 담장 사이 남쪽에는 필성문이 있었으며, 북쪽에는 관명문 및 취규문이 있었다. 장안당의 북행각은 장안당 뒤쪽에 위치한 넓은 관문각을 전면에 두고 가장 북쪽에 배치되어 있었다. 7칸의 창고로 되어 있는 이 건물은 원래 생활에 필요한 각종 물품을 보관하는 곳간 구실을 하였다. 장안당 북행각은 1887년 이후 건청궁에 전기가 가설되면서 발전 시설을 갖춘 전기실로 사용되었다.(유홍준, 『건청궁 찬란했던 왕조의 마지막 기억』, 2007, 눌와, 31-

33쪽)

13 小早川秀雄, 『閔后暗殺記』, 101쪽, 1965.

14 ㉠곤녕합의 서행각은 동쪽으로는 3개의 방이 연속해서 이어져 있는데, 궁관(宮官)이 거처하던 숙소였다. 궁관이란 왕과 왕실을 보필하던 빈, 귀인, 소의, 상궁 등 궁중 내 품계를 받은 여성 가운데 정5품 상궁부터 종9품까지의 상궁을 의미하였다. ㉡곤녕합 북행각은 담장이 둘러쳐 있어 안채격인 곤녕합과 분리되어 있었다. 곤녕합 동행각의 북쪽에 직각으로 연결되어 있는데, 왕과 왕비의 수라를 담당한 소주방을 겸하는 곳인데. 내소주방은 아침저녁 수라를, 외소주방은 다과와 떡 등을 장만하는 곳인데, 방은 이곳을 담당하는 소주방 나인과 생과방 나인의 숙소였다. 북행각의 건물 면적은 17평 정도였다. ㉢곤녕합의 동행각 의어고는 왕과 왕비의 옷을 수선 보관하거나 옷감, 솜, 이불 같은 침구류를 두었으며, 동행각의 건물 면적은 50평 남짓 이었다. 곤녕합의 남행각은 궁녀들이 거처하는 숙소로 추정되며, 남행각의 건물 면적은 17평 정도였다.(유홍준, 『건청궁 찬란했던 왕조의 마지막 기억』, 2007, 눌와, 43-44쪽)

15 복수당 남쪽에는 곤녕합 북행각이 있고, 서쪽으로는 복수당 서행각이 있으며 북쪽은 오른쪽에 협문을 둔 내부 마당이 있었다. 복수당의 서행각은 황태자를 보필하기 위한 상궁, 나인들의 거처인 곳으로, 건물 면적은 약 20평 이었다.(유홍준,『건청궁 찬란했던 왕조의 마지막 기억』, 2007, 눌와, 61쪽)

18장 사바찐과 현응택

1 АВПРИ. Ф.150.Оп.493.Д.6.Л.126об 사바찐의 1차 증언에 따르면 일본 자객은 궁녀 중에 한 명을 붙잡고 옥호루에서 작은 사다리로 내려왔다. 처음에 일본 자객은 옥호루에서 약 9~10m(30피트) 떨어진 곳에 있던 사바찐을 발견하지 못했다.(АВПРИ. Ф.150.Оп.493.Д.6.Л.75)

2 АВПРИ. Ф.150.Оп.493.Д.6.Л.127.

3 АВПРИ. Ф.150.Оп.493.Д.6.Л.127. Калимка (작은문, 쪽문).

4 АВПРИ. Ф.150.Оп.493.Д.6.Л.75

5 "內務府草記 礦務局主事 丁鶴喬 玄應澤 井運轉郎 差下."(『漢城周報』, 1887.7.11, 內務府草記) "執事人 玄應澤"(麗大學校亞細亞問題研究所編, 『舊韓國外交文書』17卷, 俄案 1, 1969, 218쪽)

6 1890년 7월부터 10월까지 建築技師 俄國人 薩巴珍의 薪水 매달 220元의

합게 880元을 해당 港의 稅銀에서 즉시 撥給하라는 關文."(仁川港關草, 統理交涉通商事務衙門→仁川監理, 1891년 2월 22일(奎 18075 4책)

7 "公用이 시급하여 本衙門 薩巴琛의 올해 3월 辛金 220元과 仁川港의 電換來款 270元 및 本衙門의 經費 중 10元을 합한 洋銀 500元을 이미 內入하였으니 薩巴琛의 3월 辛金 220元과 本衙門에서 貸充한 경비 10元 합게 230元을 즉시 輸納하여 洋員의 辛金을 給發하게 하라는 關文"(仁川港關草, 統理交涉通商事務衙門→仁川監理, 1891년 6월 8일(奎 18075 4책)

8 "1891년 9월 29일(음력 8월 27일). 독관교섭통상사무 민종묵-러공사 드미뜨리옙스끼: 薩巴玲 매월 貳百貳拾元, 본년 6월부터 8월까지 중지.... 관문각(觀文閣) 건축 초빙 약정... 스스로 교사의 고용을 퇴직(該敎師自應退僱)"(高麗大學校亞細亞問題硏究所編, 『舊韓國外交文書』, 17卷, 俄案 1, 1969, 190쪽)

9 "6월 1일/13일 아침 외국 외교대표들의 회합이 있었다. 같은 날 저녁 한(Хан) 장군이 나를 찾아왔다. 러젠드르의 일을 도와달라고 부탁했다. 나는 이전에 왕자 민유익(Мин Юик, 민영익)의 하인이었던 현순탁(Хен Сун-так)의 음모를 그에게 얘기해 준 후 사바찐의 일을 도와달라고 부탁했다."(ГАРФ. Ф.918. Оп.1. Л.2. Л.27об. Г.А. Дмитриевский Дневник. 1892.6.1)

10 ГАРФ. Ф918. Оп1. Л2. Л27об. Г.А. Дмитриевский Дневник. 1892.6.3

11 "建築工師 薩巴珍이 올해 6월 退僱하니 辛金 220元을 이달까지 妥撥하라는 關文."(仁川港關草, 統理交涉通商事務衙門→仁川監理, 1892년 5월 9일(奎 18075 5책). "(통역관) 바실리가 전날 밤에 사바찐 일로 외아문 대표에게 다녀왔다."(ГАРФ. Ф.918. Оп.1. Л.2. Л.26об. Г.А. Дмитриевский Дневник. 1892.5.26)

12 ГАРФ. Ф918. Оп1. Л2. Л29. Г.А. Дмитриевский Дневник. 1892.7.12

13 ГАРФ. Ф918. Оп1. Л2. Л33об. Г.А. Дмитриевский Дневник. 1892.12.17

14 ГАРФ. Ф918. Оп1. Л2. Л34. Г.А. Дмитриевский Дневник. 1893.2.27

15 『駐韓日本公使館記錄(13)』, 加藤公使 在任中 事務經過 大要 具申件, 전권공사 加藤→외무대신 靑木周藏, 1899.5.17. 281쪽

16 1882년 청국 한구(漢口)주재 수석영사, 1889년 천진(天津)주재 영사를

역임하였다. 1891년 3월 주한 러시아 공사 베베르가 휴가차 서울을 떠나자 주한 러시아 공사 대리에 임명되었다.(박 보리스 드미트리예비치, 『러시아와 한국』, 동북아역사재단, 2010, 372-372쪽 ; 『독립신문』 1899.4.28 잡보 ; 『독립신문』 1899.9.1 잡보. "듸미트레비스기씨는...대한 사정을 아는 사람이더라."(『독립신문』 1897.12.4 잡보)

17 『뮈텔주교일기』 2권, 1899.6.19 ; 『뮈텔주교일기』 2권, 1899.8.30

18 박 보리스 드미트리예비치, 『러시아와 한국』, 동북아역사재단, 2010, 377쪽

19 ГАРФ. Ф918. Оп.1. Л.2. Л.34. Г.А. Дмитриевский Дневник. 1893.3.6

20 ГАРФ. Ф918. Оп.1. Л.2. Л.50об. Г.А. Дмитриевский Дневник. 1893.9.19

21 全銜南 爲關飭事 照得曩由本政府 招雇俄國人薩巴丁 經理宮內營造之役 奪勤耐苦幷無僨錯 現已竣事退雇 合示奬勵 查該人 向駐海關 久著勤勞 理應視前收用 俾責成效 玆特關飭 仰貴總稅務司查照 將該薩巴丁 職任資格曁薪水撥給等節 照舊施行 以錄前勞而收後效可也. 須至關者. 右關"(總關公文, 全銜 南(남정철) →總稅務司 柏(브라운), 光緖十九年(1893)九月十三日(奎 17830 7책)

22 總關來申, 總稅務司 柏卓安→統理交涉通商事務衙門, 1893년 10월 6일(奎 17829 8책)

23 ГАРФ. Ф918. Оп.1. Л.2. Л.53об. Г.А. Дмитриевский Дневник. 1893.10.13

24 "러시아인 사바틴(姓名). 工師(職掌). 未詳 매월 200圓 정도(俸給). 工部에 소속시켜 工務營繕을 담당케 할 예정임(處分案)."(『駐韓日本公使館記錄(5)』, 機密第192號 本115 朝鮮稅關에 고용된 外國人 및 기타 정부에 고용된 外國人 處分案에 대한 上申「別紙 乙號」, 特命全權公使 大鳥圭介→外務大臣 陸奧, 1894년 10월 2일)

19장 사바찐의 경복궁 관문각 공사

1 高麗大學校亞細亞問題硏究所編, 『舊韓國外交文書』 17卷, 俄案 1, 1969, 216~219쪽 .

2 관문각은 1885년 1월 17일부터 1888년 1월17일까지 어진을 보관했는데, 관문각의 개축을 위하여 어진을 장안당으로 옮겼다. 1901년 6월 1일 관문각

철훼 수운비 26,573원을 예비금에서 지출하도록 탁지부에서 청하고 있는데, 이후 관문각 철훼 비용을 청구하는 기사가 몇 차례 더 나오는 것으로 보아 관문각은 1901년 6월을 전후하여 헐린 것으로 추측된다.(유홍준, 2007, 52-53쪽)

3 데니는 오하이오 출생으로 오래곤(Oregon) 주에서 성장, 세일럼(Salem)의 윌라메트 칼리지(Willamette College)에서 법학을 전공했다. 1862년 판사가 되어 와스코(Wassco)와 포트랜드(Potland)에서 1874년까지 근무했다. 그는 1877년부터 1880년까지 중국 톈진(天津)영사, 1880-1884년까지 상하이 총영사로 근무했다.(『高宗實錄』, 1886년 3월 5일; R.R 스위다우트 저, 신복룡 역, 『데니의 생애와 활동』, 평민사, 1988 ; 『한국근대외교사전』, 성대출판부, 2012, 122쪽)

4 김태중, 1996, 114쪽

5 "將房造得滲漏, 玄應澤之計策, 辭去薩巴丁, 所有誤錯之事, 全歸薩巴丁一人, … 有人對薩巴丁言, 爾若見國王, 務爲自身應承短處, 休言朝鮮人之短處, 玄應澤不允而行保管不言, 爾是外國人, 不致於罪 … 薩巴丁以比言不合理論, 見國王問之, 不敢不以實言答之."(高麗大學校亞細亞問題硏究所編, 『舊韓國外交文書』17卷, 俄案 1, 1969, 219쪽)

6 高麗大學校亞細亞問題硏究所編, 『舊韓國外交文書』17卷, 俄案 1, 1969, 219쪽 : 김태중, 1996, 115쪽

20장 현응택과 오카모토

1 АВПРИ. Ф.150.Оп.493.Д.6.Л.75 사바찐의 1차 증언은 3명이라고 했지만 사바찐의 2차 보고서에는 5명이라고 밝혔다.(АВПРИ. Ф.150.Оп.493.Д.6.Л.127)

2 АВПРИ. Ф.150.Оп.493.Д.6.Л.127.

3 АВПРИ. Ф.150.Оп.493.Д.6.Л.75об.

4 АВПРИ. Ф.150.Оп.493.Д.6.Л.127об.

5 АВПРИ. Ф.150.Оп.493.Д.6.Л.75об.

6 АВПРИ. Ф.150.Оп.493.Д.6.Л.127об.

7 АВПРИ. Ф.150.Оп.493.Д.6.Л.128.

8 오카모토는 1867년 기슈가(紀州家) 포병을 관할하고, 1869년 와카야마(和歌山) 번(藩) 포병을 총괄하여 프랑스식으로 개혁하였다.

1876년 조일수호조규 체결 당시 특명전권대신 육군 중장 구로다 기요타카(黑田淸隆)를 육군대위의 신분으로 수행하였다. 일본 외무대신 무쓰 무네미쓰(陸奧宗光)는 1894년 9월 오카모토를 조선 군부고문에 추천할 것을 직접 주한 일본 공사관에 지시했다. 1895년 2월 외무대신 김윤식(金允植)은 오카모토(岡本柳之助)를 구스노세 유키히코(楠賴幸彦)와 함께 군부 고문관(顧問官)으로 초빙하였다.(第一師団長男爵 奧保鞏, 岡本柳之助解禁願의 件, 明治３０年「肆大日記 １０月」(防衛省防衛研究所-陸軍省大日記-肆大日記); 岡本柳之助述, 平井晩村編, 『風雲回顧錄』, 東京:武俠世界社, 1912; 竹內好, 『일본과 아시아』, 소명출판, 2004; 『駐韓日本公使館記錄』 10권, 「三浦公使事件의 再審裁判 開始에 대한 朝鮮公使 來談 件」, 1896년 8월 1일, 外務大臣 西園寺公望→朝鮮特命全權公使 原敬)

21장 개국기원절 행사

1 АВПРИ. Ф.150.Оп.493.Д.6.Л.128.
2 АВПРИ. Ф.150.Оп.493.Д.6.Л.128об.
3 АВПРИ. Ф.150.Оп.493.Д.6.Л.75об.
4 1894년 7월 23일 일본 군대의 '경복궁 침입 사건' 이후 일본은 자국에 유리한 내각을 조직하면서 왕실의 영향력을 축소했다. 그런데 1895년 4월 러시아는 독일과 프랑스에게 삼국간섭을 제안하여 일본의 랴오둥반도 점령을 강력하게 항의했다.(『駐韓日本公使館記錄(8)』, 「三國干涉」, 1895년 4월 25일, 123쪽)
5 АВПРИ. Ф.150.Оп.493.Д.6.Л.133об
6 러젠드르는 1830년 프랑스의 올린스에서 출생했다. 그는 소르본대학을 졸업한 후 미국인과 결혼하여 1854년 미국시민이 되었다. 1860년 51 뉴욕 자원보병대 보충병 대령으로 남북전쟁에 참가했다. 그는 조선 내무협판 시절 대외교섭 업무, 차관도입, 광산개발 등 주관 사무에 대한 의견을 제시했다.(『高宗實錄』, 1898년 6월 29일; 김현숙, 『근대 한국의 서양인 고문관들』, 한국연구원, 2008, 199-203쪽)
7 АВПРИ. Ф.150.Оп.493.Д.6.Л.133. "손탁(존타크) 여사의 집 요리는 일품입니다. 벨기에 영사와 프랑스 공사의 비서도 거기서 식사를 하며 프랑스어로 대화를 합니다. 점심식사를 가져오게 하며 저녁은

궁궐에서 퇴근하면 거기로 가서 먹습니다. 여사의 댁은 궁궐 바로 뒤에 있습니다."(분쉬, 『고종의 독일인 의사 분쉬』, 학고재, 1999, 66쪽)

8 ГАРФ. Ф918. Оп.1. Л.2. Л.53об. ГА. Дмитриевский Дневник. 1893.10.12

9 АВПРИ. Ф.150.Оп.493.Д.6.Л.134

10 АВПРИ. Ф.150.Оп.493.Д.6.Л.133об

11 АВПРИ. Ф.150.Оп.493.Д.6.Л.133.

12 주요 계약 내용은, 미국인 모스(J. R. Morse)가 경영하는 조선개광회사(朝鮮開鑛會社)의 설립, 금(金) 이외의 광물(鑛物)도 채광(採鑛)의 대상으로 설정, 채굴 기간은 25년(후에 연장됨), 조선개광회사 주식의 1/4를 한국왕실이 소유함(후에 20만 원을 지불하고 매수함), 광역(鑛役)에 한국인을 다수 고용함 등이다.(『한국근대외교사전』, 성대출판부, 2012, 390쪽) ; 실제 주한 일본 공사 미우라는 미국이 1895년 7월 운산채광약정(雲山採鑛約定)을 체결했다는 정보를 1895년 10월 3일 파악했다.(『駐韓日本公使館記錄(7)』, 「美國人에 대한 雲山採鑛 約定件」, 1895년 10월 3일, 三浦→西園寺, 204쪽) 1867년 미국은 러시아의 알레스카를 720만 불, 현재의 소비자 물가로 환산해 보면 10억 달러(약 1조)에 구매했다.(김정훈, 「러시아제국, 루스까야 아메리카의 모자이크 조립과정과 문제」, 『러시아 제국와 시베리아』, APRC Preceeding Series, 2013, 63쪽) 그만큼 운산금광은 거대한 이권이었다.

22장 궁내부협판 이범진

1 АВПРИ. Ф.150.Оп.493.Д.6.Л.131об

2 兪吉濬, 1896 「우리들이 作成한 改革案」 『兪吉濬의 英文書翰』

3 『日省錄』, 『高宗實錄』 高宗 32년 7월 15일. 궁내부관료 이외 6명은 군부부령 洪啓薰, 군부참령 李學均, 한성부 관찰사 李采淵, 군부협판 權在衡, 외부협판 尹致昊, 교섭국장 朴準禹 등 이었다.

4 『尹致昊日記』 1895년 9월 4일; 『高宗實錄』 32년 7월 16일

5 『駐韓日本公使館記錄(7)』, 杉村→西園寺, 1895년 7월 13일 「明治二十八年六月下旬宮中ト內閣ノ間ニ興リタル衝突ニ付取調書」, 400-403쪽

6 兪吉濬, 1896 「우리들이 作成한 改革案」 『兪吉濬의 英文書翰』(이광린, 1989 앞의 책, 234쪽); 『뮈텔주교일기』 1895년 11월 7일.

7 『高宗實錄』21년 12월 28일. 李景夏는 廣平大君派 중 定安副正公派로 李範升과 李範晋을 아들로 두었다. 이범승은 생부가 國夏로서 이경하의 양자고, 이범진은 이경하의 서자였다.(朴垣, 1998 『在蘇韓人民族運動史』, 36쪽) 황현에 따르면 이범진은 이경하가 晋州兵使로 있을 때 기생과의 사이에서 태어났고, 용맹이 뛰어나 '호랑이'라고 불렀다.(황현, 甲午以前 『梅泉野錄』, 183-185쪽)

8 이범진은 고종의 특명에 의해 弘文館修撰에 임명되었고, 1880년대는 同知春秋館事, 內務府協辦, 吏曹參判 등을 역임했다. 그는 삼국간섭 이후 상의사장(尙依司長), 제용원장(濟用院長)을 역임하였다.(『高宗實錄』21년 10월 21일, 21년 12월 28일, 24년 10월 25일, 24년 11월 29일, 25년 10월 15일, 32년 潤5월 28일, 32년 6월 29일; 『官報』, 『日省錄』) 개국기원절 행사에 참여했던 궁내부 관료 중 최영하(崔榮夏)와 주석면은 향후 이범진과 함께 춘생문사건에 가담했다. 또한 이학균은 을미사변 이후 이범진과 함께 러시아 공사관에 은신했다. 윤치호에 따르면 이학균은 미국서기관 알렌의 약품을 훔쳐 알렌과 불편한 관계를 갖고 있었다.(『尹致昊日記』 1895년 9월 22일; Horace N. Allen, Korea: Fact and Fancy, 1904[金源模編, 1984 『近代韓國外交史年表』, 檀國大出版部, 149쪽]) 현흥택(玄興澤)과 이명상(李明翔)은 러시아 공사관과 긴밀한 관계를 유지했던 인물이었다.(『駐韓日本公使館記錄(11)』, 加藤→大隈, 1897년 1월 20일 「내각원과 寵臣간의 알력」, 222-224쪽)

9 『日省錄』高宗 32년 8월 20일. "앞에서 서술한 궁중의 맹렬하고 대담한 결단은 이범진이 왕비에게 취하도록 권한 일이라고 당시 그 일에 참가했던 안경수가 말했다. 이범진은 조잡한 재주는 있었지만 그 성질은 포악했다."(杉村濬, 『在韓苦心錄』, 226쪽)

10 杉村濬, 『在韓苦心錄』, 223-224쪽

11 "그러나 대대장(이두황과 우범선) 이하는 본시 홍의 휘하에 있지 않았으므로 홍의 임명은 유명무실해졌다"(杉村濬, 『在韓苦心錄』, 224쪽); 『日省錄』, 1895년 윤5월 25일

12 杉村濬, 『在韓苦心錄』, 226쪽

13 АВПРИ. Ф.150.Оп.493.Д.6.Л.128об.

14 АВПРИ. Ф.150.Оп.493.Д.6.Л.128об.

23장 사바찐에 관한 의혹

1 АВПРИ. Ф.150.Оп.493.Д.6.Л.121.
2 АВПРИ. Ф.150.Оп.493.Д.6.Л.129.
3 АВПРИ. Ф.150.Оп.493.Д.6.Л.121об, 129об.
4 АВПРИ. Ф.150.Оп.493.Д.6.Л.129.
5 АВПРИ. Ф.150.Оп.493.Д.6.Л.129.
6 АВПРИ. Ф.150.Оп.493.Д.6.Л.129об.
7 АВПРИ. Ф.150.Оп.493.Д.6.Л.130.
8 유길준은 1856년 참봉(參奉) 유진수(兪鎭壽)의 둘째 아들로 서울에서 태어났다. 1881년 조사시찰단 어윤중(魚允中)의 수원으로 일본을 시찰한 뒤 게이오기주쿠(慶應義塾)에 입학함으로써 최초의 일본유학생이 되었다. 이 기간 중 그는 후쿠자와 유키치(福澤諭吉)의 『서양사정(西洋事情)』을 비롯한 각종 개화서적을 탐독한 결과 일본의 근대적 모습을 긍정적으로 평가하고 서양 제도와 문물의 우월성을 인식하였다. 1882년 임오군란의 발발로 유길준은 수신사 박영효(朴泳孝) 일행과 함께 귀국길에 올랐다. 그는 통리교섭통상사무아문(統理交涉通商事務衙門)의 주사(主事)에 임명되었다. 1882년 7월 보빙사(報聘使) 민영익(閔泳翊)의 수행원으로 미국을 방문하였다. 외교활동과 시찰을 마친 뒤 민영익의 권유로 그는 1883년 11월 피바디(peabody) 박물관장 모스(E. S. Morse)에게 개인지도를 받았고, 1884년 6월 미국 대학예비학교 담머 아카데미(Dummer academy)에 입학함으로써 최초의 미국유학생이 되었다. 이 때 그는 사회진화론을 비롯한 근대적 학문을 익히고 미국식 민주주의를 체험하며, 미국 사회를 이해하게 되었다.(『한국근대외교사전』, 성대출판부, 2012, 398쪽)
9 АВПРИ. Ф.150.Оп.493.Д.6.Л.131.
10 АВПРИ. Ф.150.Оп.493.Д.6.Л.129об.
11 АВПРИ. Ф.150.Оп.493.Д.6.Л.130.
12 АВПРИ. Ф.150.Оп.493.Д.6.Л.133об.

24장 진실과 거짓 사이

1 АВПРИ. Ф.150.Оп.493.Д.6.Л.128об.
2 "오후 1시경, 우리는 문관복으로 갈아입은 뒤 지붕에 도금된 방울과 삼각

선반이 달려 있고 바닥에는 녹색 나사가 깔린 화려한 가마를 타고서 공사관에서 약 15분 거리에 있는 궁궐로 향했다."(카르네프, 『내가 본 조선, 조선인』, 가야넷, 2003, 85쪽)

3　小早川秀雄, 『閔后暗殺記』, 1965, 100쪽. "土巴津과 다른 사람들이 일본장교가 그 병사들에게 호령하면서 여러 궁녀들에게 행패 부리는 것을 목격했다. 또 여러 차례 사바찐에게도 왕후 처소를 물었다."(鄭喬, 『大韓季年史』, 114쪽)

4　『駐韓日本公使館記錄(8)』, 「明治二十八年十月八日王城事變ノ顚末ニ付具報」, 1895년 11월 5일, 內田定槌→西園寺, 86쪽.

5　市川正明編, 「開國五百四年八月事變報告書」, 『韓國王妃殺害事件』, 440쪽.

6　"His statement shows conclusively that officers of the Japanese troops were in the court-yard and knew all that was being done by the Japanese soshi, and that Japanese soldiers were surrounding the court-yard and in fact guarding the court-yard gate while the soshi were doing their murderous work."(The Korean Repository, Official Report Concerning The Attack On The Royal Palace, March 1896, p.9)

7　АВПРИ. Ф.150.Оп.493.Д.6.Л.130.

8　АВПРИ. Ф.150.Оп.493.Д.6.Л.129об. "러시아 공관이 자리 잡고 있는 곳은 터가 매우 넓었고 서울 전체가 한 눈에 들어올 정도로 전망이 좋았다. 큰 건물 이외에도 작은 건물이 네 채 있었다. 러시아 공사관은 주변의 울타리 건설과 부지까지 구매했다. 이 건물 뒤에는 헛간이 달린 작은 곁채와 정원이 있었는데, 그곳에서 토종 비둘기들을 많이 기르고 있었다."(카르네프, 『내가 본 조선, 조선인』, 가야넷, 2003, 81쪽)

9　АВПРИ. Ф.150.Оп.493.Д.6.Л.129об.

10　АВПРИ. Ф.150.Оп.493.Д.6.Л.130.

11　АВПРИ. Ф.150.Оп.493.Д.6.Л.121.

12　『駐韓日本公使館記錄(7)』, 1895년 10월 30일 久水三郎→原敬, 446쪽.

13　АВПРИ. Ф.150.Оп.493.Д.6.Л.121об.

25장 사바찐의 행적

1　"8시 반 리베 함장과 그의 동료가 가마를 타고 다시 제물포로 길을 떠나다.

사바틴 씨가 그들과 함께 여행하기 위해 여기로 와서 그들과 합류하다. 사바틴 씨는 여행 중에 혼자서는 안심이 안 되는 모양이다. 그는 여기에는 더 이상 자신이 설 자리가 없어 텐진(天津)으로 떠난다며, 거기에서 두 달 후에야 돌아올 생각이라고 내게 얘기한다."(『뮈텔주교일기』 1권, 1895.10.18, 390쪽)

2 АВПРИ. Ф.150.Оп.493.Д.6.Л.121.

3 "사바틴 부인이 손탁 양에게 전해 줄 설계도들과 편지 한 통을 르페브르 씨에게 가지고 오다. 부인은 블라디보스톡으로 떠날 준비를 하고 있다."(『뮈텔주교일기』 1권, 1895.10.24, 395쪽)

4 『한국근대외교사전』, 성대출판부, 2012, 677쪽

5 『駐韓日本公使館記錄(7)』, 一. 機密本省往來 一 ~ 四〉(59) 王妃弑害 下手人이 日人임을 紙上에 폭로한 러시아인의 擧動 報告, 芝罘 二等領事 久水三郎→外務次官 原敬, 1895년 10월 30일

6 "(俄社航運) 아국 동청해상기선회사의 인천지점장 아인 사바튼씨는 선경에 仁港에 내유하야 이미 세창양행 내의 일옥을 차용하야 기항운을 처리한다더라"(『황성신문』, 1899.11.4 잡보)

7 "제물 쇼문. 아라샤의 청국 동쪽 바다 우회 륜션 회사 지점 장으로 파견한 사바딘씨가 인천항에와서 덕국 상점 세창 양행 안에 한쪽을 빌려 사무소를 배설하고 현금에 슘가리 호라 칭하는 한 륜션을 항행 한다더라."(『독립신문』, 1899.11.4 잡보)

8 "Mr. Sabatin Agent of the Russian Eastern and R. R. Co."김원모역, 『알렌일기』, 1903.6.3. 576쪽, 단국대출판부

9 "(아국 운송선 입항) 아국운송선 기린호가 통신상의 임무를 帶하고 여순에서 직행하야 본월 27일 인항에 27일 仁港에 到泊하얏는대 同船에 감독장교로 영관 1명이 탑승하얏고 該船은 주한 아공사에게 보고를... 아국공사관 서기관 게루벨씨 及 사바진씨가 해선에 同赴하야 우보고를 영수하야 즉일 귀경하고 기선은 동28일 여순으로 귀항하얏더라. 朝鮮新報"(『황성신문』, 1900.7.30 잡보)

10 РГИА. Ф.560. Оп.28. Д.239. ЛЛ.131-139об. 2 Апреля 1902. "오후에 황제를 알현하기로 되어 있는 마르네 함장과 장교들... 알현은 사바틴씨가 세관의 조수를 위해 건축한 집으로 지금은 대궐 구내가 되어버린 한 홀에서 있었다."(『뮈텔주교일기』 3권, 1901.6.7, 60쪽)

11 Симбирцева Т.М. Владыки старой Кореи. М. 2012 ; Сеульский Вестник, Сеульский строитель, 2011май, №136

12 조나단 글랜시, 『건축의 세계』, 21세기북스, 2009, 106, 278~302쪽

13 АВПРИ. Ф.150.Оп.493.Д.91.ЛЛ.1-23 : 박종효편, 『러시아국립문서보관소 소장 한국관련 문서요약집』, 2002, 187쪽

14 АВПРИ. Ф.305.Оп.767.Д.31, Середин-Сабатин, частное его имущество оставленное в доме морского пароходства в Чемульпо

15 АВПРИ. Ф.150.Оп.493.Д.864.ЛЛ.1-21 : 박종효편, 위의 책, 187쪽

16 『연합뉴스』 2009.10.23

26장 왕실의 위기 대응

1 АВПРИ(대외정책문서보관소). Ф.150.Оп.493.Д.6.Л.66; 이 비밀 메세지는 왕이 자신의 고문인 통역관 러젠드르(Лежандр)를 통해서 베베르, 알렌, 힐리어 등에게 알린 것이다.(F.O. 405. Part VI. Inclosure in 10 No.111 p.91)

2 АВПРИ. Ф.150.Оп.493.Д.6.Л.71; NARA. Despatches from U.S. Ministers to Korea 1895-1896, M.134 Roll.12 Enclose 3 No.157 p.1; "副領補訓鍊隊聯隊長 洪啓薰 副領補侍衛隊聯隊長 玄興澤 參領補侍衛第一大隊大隊長 李學均 參領補 侍衛第二大隊大隊長 金振澔"(『日省錄』, 1895년 윤5월 25일)

3 АВПРИ. Ф.150.Оп.493.Д.6.Л.71об; NARA. Despatches from U.S. Ministers to Korea 1895-1896, M.134 Roll.12 Enclose 3 No.157 p.3

4 현홍택은 1890년 광무국감리(礦務局監理)로 승진하였다. 현홍택은 1893년 9월 사바찐과 주한 러시아 공사관을 방문할 정도로 러시아인과의 교류도 활발했다. 그는 삼국간섭 이후 1895년 6월 내장원(內藏院) 장원사장(莊園司長)에 발탁되었다. 1895년 7월 6일 부령(副領)으로 승진하고 7월 17일 시위대를 총괄하는 연대장으로 임명되었다.(『高宗實錄』 高宗 27年 3月 20日;『承政院日記』高宗 32年 4月 7日;『高宗實錄』高宗 32年 閏5月 14日;『高宗實錄』高宗 32年 閏5月 25日 ; ГАРФ. Ф.918. Оп.1. Л.2. Л.50об. Г.А. Дмитриевский Дневник. 1893.9.19) 현홍택은 민영익의 하인 출신으로 고종과 명성황후의 측근 인물 중 측근이었다. 현홍택은 1896년 궁내부 내장사장(內藏司長), 1904년 친위대 1연대장을 역임했다. 1907년 현홍택은 민영익에게 보내준 돈을 받기 위해

상해로 출발했다. "전 부령 현응택(저자 주 : 실제 현홍택)씨가 그간에 홍삼가를 상해에 류하는 훈미 민영익씨의게 주었던지 지금 그 돈을 취심차로 상해에 전왕하야 피차에 화평이 되지 못함으로 상해에 주차한 일본 영사에게 호소하야 일본 영사가 민씨 묘인장을 발하였더니 민씨가 임의기미를 알고 피신하였는대 일본 영사가 일인을 보내 여민씨의 집을 슈가하였다더라."(『공립신보』1907.3.19, 玄氏訟閔)

5 АВПРИ. Ф.150.Оп.493.Д.6.Л.69об

6 F.O. 405. Part VI. Inclosure in 6-1 No.112 p.96 ;『駐韓日本公使館記錄(6)』, 「訓鍊隊 嚴罰과 宮闕護衛 充當說의 撤回 要求」, 三浦梧樓→金允植, 1895년 10월 9일 ; 鄭喬,『大韓季年史』, 上, 1957, 116쪽 ; 小早川秀雄,『閔后暗殺』, 東京: 筑摩書房, 1962(小早川秀雄,『閔后暗殺記』, 汎文社, 1965, 102쪽) 고바야카와는 대원군이 주도하여 모든 계획을 진행했다고 기록했다. 그는 철저히 대원군의 주도를 부각시켜, 미우라 공사와 일본 자객의 활동을 축소시켰다.

7 АВПРИ. Ф.150.Оп.493.Д.6.Л.68

8 АВПРИ. Ф.150.Оп.493.Д.6.Л.76. 명성황후는 갑신정변 당시 궁녀 복장으로 위장한 적이 있었다. "곤전께서는 옷을 바꾸어 입고 시녀들이 앉아 있는 속에 섞이어 있었다."(『尹致昊日記』, 上, 1977, 探求新書, 1884.12.15, 280쪽)

9 鄭喬,『大韓季年史』, 上, 1957, 115-116쪽; 小早川秀雄,『閔后暗殺記』, 1965, 99쪽 ; 市川正明編,『日韓外交史料(5):『韓國王妃殺害事件』, 東京: 原書房, 1981:「開國五百四年八月事變報告書」『韓國王妃殺害事件』, 1987, 高麗書林, 441쪽;『駐韓日本公使館記錄(10)』,「三浦公使事件의 再審裁判 開始에 대한 朝鮮公使 來談 件」, 1896년 8월 1일, 外務大臣 西園寺公望→朝鮮特命全權公使 原敬, 42-43쪽

10 F.O. 405. Part VI. Inclosure in 10 No.111 p.91

27장 곤녕합, 사바찐의 목격

1 NARA. Despatches from U.S. Ministers to Korea 1895-1896, M.134 Roll.12 No.156 pp.6~7; 市川正明編,「開國五百四年八月事變報告書」 『韓國王妃殺害事件』, 441쪽;『駐韓日本公使館記錄(10)』,「三浦公使事件의 再審裁判 開始에 대한 朝鮮公使 來談 件」, 1896년 8월 1일, 外務大臣

西園寺公望→朝鮮特命全權公使 原敬, 43쪽 ; F.O. 405. Part VI. Inclosure
in 1 No.111 p.85; 이민원, 『명성황후시해와 아관파천』, 국학자료원,
2002, 91쪽. "이경직은 방 밖으로 뛰어 나가다가 육혈포에 허벅다리를
맞아 쓰러지면서 다시 바른 편 어깨에다 칼날을 받고 마당으로 나둥그라져
버렸다"고 기록했다.(小早川秀雄, 『閔后暗殺記』, 99쪽, 1965) "궁녀 4명도
죽었는데, 그 중에 홍장군의 누이도 끼어 있으며, 부상을 당한 궁녀들도
있다"(뮈텔주교 일기, 1895.10.8, 377쪽) 알렌은 이 이 증언에 대해서 "나는
두 번째 왕자(의화군 이강)에 의한 정보 덕택이다. 왕자는 대궐의 궁녀 중에
한명이 직접 목격한 이야기를 획득했다"고 밝혔다. 따라서 기존에 순종의
증언이라고 알려진 것은 잘못이다. 또한 베베르는 10월 10일 "미국공사관에
7명이 은신하였는데... 거기에는 고종의 두 번째 아들(역자: 의화군 이강)이
있었다"고 밝혔다.(А В П Р И. Ф.150.Оп.493.Д.6.Л.88) 즉 두 번째
왕자는 의화군 이강을 의미한다.

2 А В П Р И. Ф.150.Оп.493.Д.6.Л.70 "건청궁 앞뒷문을 통해 일본군의
엄호 아래 침입해 들어온 민간 복장의 일본인들은 한 무리의 군인들과 함께
일본인 장교와 사병들이 경비를 서 주었다."(F.O. 405. Part VI. Inclosure
in 1 No.111 p.85; 이민원, 『명성황후시해와 아관파천』, 국학자료원, 2002,
91쪽)

3 А В П Р И. Ф.150.Оп.493.Д.6.Л.72; NARA. Despatches from U.S.
Ministers to Korea 1895-1896, M.134 Roll.12 Enclose 3 No.157 p.4.
정교에 따르면 일본장교는 일본 병사에게 건청궁의 포위를 명령했고, 일본
자객은 20-30명은 왕비를 찾기 위해서 수색했다.(鄭喬, 『大韓季年史』, 上,
1957, 114쪽)

4 А В П Р И. Ф.150.Оп.493.Д.6.Л.72; NARA. Despatches from
U.S. Ministers to Korea 1895-1896, M.134 Roll.12 Enclose 3
No.157 p.6; 小早川秀雄, 『閔后暗殺記』, 1965, 108쪽. "그는 왕비가
다른 방으로 피신하는 것을 보았지만 그녀가 살해되는 것은 보지 못했다.
그는 현재 미국대사관에 피신하였고, 그의 중요성은 다른 사람과 비교할
만하다."(NARA. Despatches from U.S. Ministers to Korea 1895-
1896, M.134 Roll.12 No.156 p.8)

5 "그 오른 쪽의 방이 곧 민비의 거실(옥호루?)로 수명의 나인들이 방안에서
엎치락 뒷치락하고 있었고, 궁내대신 이경직도 또한 그 속에 있어 민비를
옹위하고 있었으나 민비는 바로 이 방안에서 시퍼런 칼날 아래 붕어하고
말었던 것이다"(小早川秀雄, 『閔后暗殺記』, 1965, 99쪽)

6 小早川秀雄, 『閔后暗殺記』, 1965, 107쪽

7 小早川秀雄, 『閔后暗殺記』, 1965, 108쪽. "이미 살해된 부인의 시체와 아직 잡아놓고 있는 자의 용모를 일일이 점검하였더니 나이가 모두 너무 젊어 전에 듣던 왕비의 연령과는 부합되지 않았다. 그래서 필시 왕비를 놓쳐버린 것이라 생각했다. 구니토모(國友重章)은 아직 남아 있는 한 부인을 잡아 방안에서 마루까지 질질 끌어내어 왼손에 목덜미의 머리털을 휘어잡고, 오른 손에 칼날을 그 흉부에 겨루고 "왕비는 어디에 있느냐 언제 어디로 도망갔느냐"는 등 일본 말로 매우 화난 소리로 물어 보았다"(『駐韓日本公使館記錄(8)』, 「明治二十八年十月八日王城事變ノ顚末ニ付具報」, 1895년 11월 5일, 內田定槌→西園寺, 85-86쪽) 고바야카와(小早川秀雄)의 기록과 일본 공사관의 기록이 동일하다. 일본 공사관의 기록은 고바야카와의 증언에 기초하여 작성된 것으로 추정된다.

8 小早川秀雄, 『閔后暗殺記』, 1965, 108쪽

28장 명성황후 시해 현장

1 『高宗實錄』, 32년 11월 14일. 이승구에 따르면 전 경무사 허진(許璡)이 유길준, 조중응(趙重應)과 공모하여 자신들의 잘못을 숨기기 위해서 박선을 모함했다.(『高宗實錄』, 33년 6월 27일)

2 高等裁判所, 『開國五百四年八月事變報告書』, 建陽元年四月十五日, 4쪽(藏書閣-고도서-史部-雜史類)

3 『高宗實錄』, 34년 11월 22일. 궁내부 특진관 민영소가 행록의 초고를 기초했다.

4 『뮈텔주교일기』, 1895.11.5, 406쪽

5 NARA. Despatches from U.S. Ministers to Korea 1895-1896, M.134 Roll.12 No.156 pp.6-7

6 АВПРИ. Ф.150.Оп.493.Д.6.Л.60

7 АВПРИ. Ф.150.Оп.493.Д.6.Л.67

8 F.O. 405. Part VI. Inclosure in 1 No.111 p.85

9 『駐韓日本公使館記錄(8)』, 「明治二十八年十月八日王城事變ノ顚末ニ付具報」, 1895년 11월 5일, 內田定槌→西園寺, 85쪽

10 NARA. Despatches from U.S. Ministers to Korea 1895-1896, M.134 Roll.12 Enclose 1 No.208 p.1-2. Extract from The Korean Repository, March, 1896, p.2

11 小早川秀雄,『閔后暗殺記』, 1965, 101쪽

12 "건청궁으로 들어가니 벌써 옥호루 한편구석에서 30년 정권에 일세의 여걸이신 민후는 이미 가슴에 선혈을 내뿜고 있었습니다"(『동아일보』 1930년 1월 29일, 「한말정객의 회고담)

13 "참고를 위해 별지의 경복궁, 즉 현재의 왕궁 도면 1장을 올리므로 잘 조사하시기 바랍니다. 이 도면은 어떤 우리나라 사람이 손으로 그린 것을 토대로 소관이 현장을 살려보고 수정을 가하여 조정한 것이며, 원래부터 정확함을 보장하기는 어렵지만 대략적으로는 특별한 오류가 없다고 믿습니다. 도면에 보이는 건청궁은 10월 8일 전후로 국왕폐하를 비롯한 왕족들의 거처이며, 장안당은 폐하, 곤녕합은 왕비폐하의 거소입니다. 그리고 곤녕합의 뒤편에 동서로 가로 놓인 건물 1동은 왕태자 및 왕태자비의 거처입니다. 해당 사건이 일어났을 때, 왕후 폐하는 도면에 보이는 1지점에서 2지점으로 끌려갔고, 그곳에서 살해된 후 사체는 일단 3지점의 안으로 옮겨졌으며, 그 후 쪽문으로 끌려나와 4지점에서 소각했다고 하며, 11월 22일 소관이 왕궁에 들어갔을 때, 타다 남은 장작 따위가 여전히 4지점에 흩어져 있었고, 주변에는 무언가를 묻은 것 같은 흔적이 확연 했습니다."(市川正明編, 『日韓外交史料(5): 韓國王妃殺害事件』, 東京:原書房, 1981: 「機密第五一號 王宮景福宮見取圖進達ノ件」『韓國王妃殺害事件』, 京城一等領事 内田定槌－外務次官 原敬, 明治二十八年十二月二十一日, 1987, 高麗書林, p.277 : 김문자, 2011, 304쪽)

14 김문자, 2011, 305쪽

15 NARA. Despatches from U.S. Ministers to Korea 1895-1896, M.134 Roll.12 No.156 pp.6-7

16 "왕비는 복도를 따라 도망쳤고, 그 뒤를 한 일본인이 쫓아가 그녀를 붙잡았습니다."(АВПРИ. Ф.150.Оп .493.Д.6.Л.67) "왕세자는 다음과 같이 보았다. 왕비가 그녀의 암살자로부터 벗어났고, 이러한 남자에 의한 추격에서 복도로 내달렸고, 세 번째 일본인(와타나베)은 뽑은 칼을 가지고 따라갔다"(F.O. 405. Part Ⅵ. Inclosure in 10 No.111 p.91)

17 "왕은 세 번째 일본인 와타나베가 군도를 뽑아 들고 달려가는 것을 보았습니다."(АВПРИ. Ф.150.Оп .493.Д.6.Л.66)

18 F.O. 405. Part Ⅵ. Inclosure in 10 No.111 p.91

19 F.O. 405. Part Ⅷ. Inclosure 6 No.15 ; 朴日根,『近代 韓國關係 英·美 中 外交資料集』, 釜山大學校, 1984, 753쪽;『駐韓日本公使館記錄(10)』, 「三浦公使事件의 再審裁判 開始에 대한 朝鮮公使 來談 件」, 1896년 8월 1일, 外務大臣 西園寺公望→朝鮮特命全權公使 原敬, 42-43쪽

20 市川正明編, 「開國五百四年八月事變報告書」『韓國王妃殺害事件』, 441쪽; 鄭喬, 『大韓季年史』, 上, 1957, 116쪽. 스웨덴 기자 아손은 순종에 대한 인상을 다음과 같이 기록했다. "작고 뚱뚱한 체격에다가 얼굴은 희멀겋고 부은 듯해서 생기가 없어 보였다. 입술은 두꺼워 육감적이고, 코는 납작했으며, 넓은 눈썹 사이로 주름살이 움푹 파여 있었다."(아손 그렙스트, 『스웨덴 기자 아손, 100년 전 한국을 걷다』, 책과함께, 2005, 219쪽)

29장 명성황후 시해범 추적

1 『高宗實錄』, 33년 9월 27일

2 『駐韓日本公使館記錄(10)』, 「朝鮮 宮內府 探偵吏 件 上申寫本 送付」, 1896년 10월 23일, 仁川一等領事 石井菊次郎→外務大臣 大隈重信, 223쪽

3 『駐韓日本公使館記錄(10)』, 「朝鮮 宮內府 探偵吏 件 上申寫本 送付 附屬書(1)」, 1896년 10월 23일, 仁川一等領事 石井菊次郎→外務大臣 大隈重信, 225쪽

4 『駐韓日本公使館記錄(10)』, 「朝鮮 宮內府 探偵吏 件 上申寫本 送付 別紙」, 1896년 10월 23일, 在仁川 一等領事 石井菊次郎→外務大臣 伯爵 大隈重信, 223쪽; 『駐韓日本公使館記錄(10)』, 「朴泳孝 등의 動靜報告 件 別紙 2」, 1896년 9월 2일, 兵庫縣知事 周布公平→西園寺公望, 61쪽

5 『駐韓日本公使館記錄(10)』, 「朝鮮 宮內府 探偵吏 件 上申寫本 送付 附屬書(1)」, 1896년 10월 23일, 在仁川 一等領事 石井菊次郎→外務大臣 大隈重信, 225-226쪽

6 『駐韓日本公使館記錄(10)』, 「朝鮮 宮內府 探偵吏 件 上申寫本 送付 附屬書(2)」, 1896년 10월 23일, 在仁川 一等領事 石井菊次郎→外務大臣 大隈重信, 227쪽. 이명상은 1896년 11월 법부형사국장에 임명되었다(『日省錄』, 1896년 11월 12일)

7 『駐韓日本公使館記錄(10)』, 「朝鮮 宮內府 探偵吏 件 上申寫本 送付 別紙」, 1896년 10월 23일, 在仁川 一等領事 石井菊次郎→外務大臣 大隈重信, 223쪽

8 『(在朝鮮內地人)紳士名鑑』, 朝鮮公論社 1917, 146쪽; 朝鮮總督府官報, 43호, 明治43年10月1日; 朝鮮中央經濟會編, 『京城市民名鑑』, 朝鮮中央經濟會, 1922, 100쪽. 그는 1921년 3월 朝鮮總督府 警務局 高等警察課 通譯官을 사직했다.

9 日本外務省·陸·海軍省編, 永田(中佐)→寺内(少將), 電報, 『日本의

韓國侵略史料叢書』, 21卷, 韓國出版文化院, 1988, 109쪽

10 『駐韓日本公使館記錄(2)』, 「大院君을 방문한 渡邊 巡査의 復命件」, 1894년
6월 9일, 內田定槌→杉村濬. 1894년 4월 한국을 방문한 '二六新報'의 특파원
혼마(本間九介)에 따르면 주한 일본순사는 월급 외에 체재수당을 받고 있어
거의 주임관 이상의 생계를 영위했다(혼마규스케저, 최혜주역, 『조선잡기』,
김영사, 2008, 202쪽)

11 『駐韓日本公使館記錄(10)』, 「朝鮮 宮內府 探偵吏 件 上申寫本 送付 別紙」,
1896년 10월 23일, 在仁川 一等領事 石井菊次郎→外務大臣 大隈重信,
223쪽

12 『駐韓日本公使館記錄(14)』, 「鬱陵島 調査槪況 및 山林調査槪況 報告의 件」,
1900년 6월 12일, 赤塚正助→林權助, 542쪽 ; 『內部來去案』(13), 光武 4년
6월 19일

13 『駐韓日本公使館記錄(15)』, 「韓國 商務隊組織에 관한 報告 件 別紙」, 1900년
7월 28일, 警部 渡邊鷹次郎, 16쪽 ; 『駐韓日本公使館記錄(17)』, 「嚴達煥 등의
귀국활동 보고서」, 1902년 10월 4일, 渡邊鷹次郎→林權助, 152쪽

14 『駐韓日本公使館記錄(15)』, 「京城領事館 소속 渡邊警部에 관한 件」, 1903년
9월 11일, 林 公使→小村 大臣, 202쪽

15 須永馥齊資料 제 177호, 사노(佐野)시립향토박물관 : 김문자, 2011, 53쪽.
사세는 아이쓰 출신의 전 해군 군의였던 사세 구마데스(佐瀨熊鐵)로,
당시 조선 정부에 경무청 촉탁의사로 고용되었다. 을미사변 이후 소환되어
히로시마 감옥서에 수감된 48명 한 명이었다.(김문자, 2011, 56쪽)

16 小早川秀雄, 『閔后暗殺記』, 1965, 109쪽

30장 명성황후

1 宗簿寺, 『璿源系譜紀略』, 1908, 65쪽

2 묄렌도르프, 『묄렌도르프문서』, 평민사, 1987, 71쪽

3 언더우드, 『상투의 나라』, 집문당, 1999, 49쪽

4 비숍, 『한국과 그 이웃나라』, 살림, 1996, 295쪽

5 언더우드, 『상투의 나라』, 집문당, 1999, 49쪽

6 비숍, 『한국과 그 이웃나라』, 살림, 1996, 298쪽

7 "푸트 여사도 위압적인 자세와 꿰뚫어보는 듯한 눈을 가진 왕후가..."(메리
팅글리 로렌스, 『미 외교관 부인이 만난 명성황후』, 살림, 2011, 48쪽) "푸트

여사는 왕후가 지식과 지성, 그리고 깊이 간직해온 재치를 드러내는 것이 기뻤다."(메리 팅글리 로렌스, 미 외교관 부인이 만난 명성황후, 살림, 2011, 54쪽)

8　АВПРИ. Ф.150.Оп.493.Д.6.Л.132об. "왕비는 탁월한 천부적인 머리와 예리한 여자의 육감을 가졌다."(Унтербергер, Современное Состояние Корейскаго Вопроса,январь 1898(Российский Государственный Исторический Архив. Ф.560.Оп.28.Д.24.Л.116). "명성황후가 영매하여 신하들 사이에 투쟁을 부치시며 신하들은 개혁파와 수구당의 두 파로 논히고 그 새에 김홍집 일파의 중간파가 잇서 정계가 혼돈한 때라."(『尹致昊日記』, 下, 1977, 探求新書, 343쪽)

9　『高宗實錄』, 34년 11월 22일. 고종은 1897년 11월 궁내부 특진관 민영소를 통해 명성황후의 묘지문 행록(行錄)을 작성하도록 지시했고 본인이 직접 검토했다. 궁내부 특진관 민영소(閔泳韶)가 행록의 초고를 기초했다.

10　주한 미국서기관 알렌은 명성황후를 평가했다. "우리는 왕의 주요한 후원자로의 강력한 성격 때문에 오랫동안 그녀에게 감사했습니다."(NARA. Despatches from U.S. Ministers to Korea 1895-1896, M.134 Roll.12 No.156 pp.22)

11　『高宗實錄』, 34년 11월 6일. 고종은 1897년 11월 명성황후라는 시호(諡號)를 책봉하는 조서(詔書)를 내렸다. 홍문관 태학사 김영수(金永壽)가 조서를 기초했다. "왕비는 동양의 관점에서 볼 때 교양이 풍부하였으며, 조선뿐만 아니라 동양권의 모든 나라에서 한문에 가장 능통한 인물이라는 평을 받았다."(카르네프, 내가 본 조선, 조선인, 가야넷, 2003, 90쪽)

12　『高宗實錄』, 34년 11월 22일. 궁내부 특진관 민영소(閔泳韶)가 행록의 초고를 기초했다.

13　『日本外交文書』28-1, 248號, 井上馨-西園寺, 1895년 8월 6일, p.371 ; 김문자, 2011, 392쪽

14　АВПРИ. Ф.150.Оп.493.Д.6.Л.132об

15　"착한 강인함. 절망적이리만큼 학대 받지 않는 한, 늘 평화롭고 남을 해치지 않는 사람들. 착하고 순박하다가도 위험이 닥치면 무섭게 일어서는 용감한 사람들."(이숲, 『스물살에 몰랐던 내한민국』, 예옥, 2013, 324쪽) 러시아 동방학자 큐네르(Н.В. Кюнер)에 따르면 한국인의 기원은 북방계(몽고·시베리아·북한)와 남방계(일본·말레이지아·남한)로 구분된다.(큐네르, 『한국개관』, 동북아역사재단, 2012, 367-379쪽)

31장 명성황후의 반일 정책

1 『高宗實錄』『日省錄』『承政院日記』

2 『뮈텔주교일기』, 1895.11.5, 406쪽.

3 러시아 육군대령 까르네예프에 따르면 "명성황후는 조선이 일본인들의 도움을 받지 않고 유럽식으로 문명화하고 개혁해 나가는 데 찬성하였다. 자기들 뜻대로 조선을 통치하고 싶어하는 일본인들의 눈에는, 이 결단성 있는 현명한 왕비가 좋게 보였을 리가 없었다."(카르네프, 『내가 본 조선, 조선인』, 가야넷, 2003, 90쪽)

4 언더우드, 『상투의 나라』, 집문당, 1999, 51쪽

5 NARA. Despatches from U.S. Ministers to Korea 1895-1896, M.134 Roll.12 No.156 pp.22

6 Унтербергер, Современное Состояние Корейскаго Вопроса, январь 1898(Российский Государственный Исторический Архив. Ф.560.Оп.28.Д.24.Л.116)

7 헐버트는 "왕실에서는 이틀 전에 위험이 닥치리라는 것을 알았다. 궁중의 보초병이 줄어들고 일본군의 움직임은 수상쩍기만 했다"고 기록했다.(헐버트저, 신복룡역, 『대한제국멸망사』, 집문당, 2006, 173쪽)

8 市川正明編, 「開國五百四年八月事變報告書」『韓國王妃殺害事件』, 444-445쪽 ; 鄭喬, 『大韓季年史』, 上, 1957, 117쪽. 궁내부대신 이경직, 농상공부협판 정병하도 이 잔치에 배석했고 궁중에서 잠을 잤다.

9 "왕후께서는 이왕에 백작 이노우에의 아뢴 바를 분명히 신청하신 차에, 이 적신의 아뢰는 바를 들으시매, 믿으사 피할 만한 때에 피신하실 획책을 아니하사, 그 전각에 사면으로 에워싸서 나갈 길이 막히기까지 계셨으니, 어지 불행이 아니리오."(市川正明編, 「開國五百四年八月事變報告書」 『韓國王妃殺害事件』, 445쪽)

10 "왕비가 복도로 나간 후에 일본 자객 중 한명은 왕세자비를 업어서 현장에서 조금 떨어진 광으로 그녀를 옮겼다. 당시 왕세자비는 일본 자객의 궁녀들에 대한 살해 때문에 피로 얼룩진 옷을 입고 있어서 그녀가 상처를 입은 줄 알았지만, 실제 그녀는 아무 데도 다치지 않았다."(『뮈텔주교일기』, 1895.11.5, 406쪽)

32장 명성황후 시신과 화형

1 АВПРИ. Ф.150.Оп .493.Д.6.Л.72 ; NARA. Despatches from U.S. Ministers to Korea 1895-1896, M.134 Roll.12 Enclose 3 No.157 p.6.

2 АВПРИ. Ф.150.Оп .493.Д.6.Л.72об ; NARA. Despatches from U.S. Ministers to Korea 1895-1896, M.134 Roll.12 Enclose 3 No.157 p.6~7

3 『동아일보』 1930년 1월 29일, 한말정객의 회고담

4 小早川秀雄, 『閔后暗殺記』, 1965, 109쪽.

5 『駐韓日本公使館記錄(8)』, 「明治二十八年十月八日王城事變ノ顛末ニ付具報」, 1895년 11월 5일, 內田定槌→西園寺, 86쪽. "일본인 고무라(小村實)가 경성에 왔다. 그 여자 아이가 금중(禁中)을 출입했다. 왕후가 그 아이를 사랑하여 양녀로 삼았으나 일병이 입궐할 때 그 아이가 자객들을 따라 들어와 왕후의 얼굴을 지적했다"(鄭喬, 『大韓季年史』, 上, 1957, 118쪽)

6 須永鞬齊資料 제 177호, 사노(佐野)시립향토박물관 : 김문자, 2011, 53쪽.

7 АВПРИ. Ф.150.Оп .493.Д.6.Л.67

8 山邊健太郎), 「閔妃事件について」, 『コリア評論』, 1964年 5月号, 51-52쪽; 오마이뉴스, 2002.06.05. "이시쓰카(石塚英藏)는 내각 명예고문관(內閣名譽顧問官)으로서 관제(官制)의 규칙을 개정하는 일과 정부의 제반 사무에 있어서도 참으로 많은 수고를 하였으니, 매우 가상하다. 그가 본국으로 돌아가게 되었으니, 상금 1000원(元)을 하사하라."(『承政院日記』 고종 32년, 9월 7일)

9 『朝鮮王妃事件關係資料』, 「韓國政府顧問たりし石塚より王妃事件の眞相を報告」, 末松法制局長宛石塚英藏書簡, 明治28年10月9日, pp.10~11(日本國會圖書館 憲政資料室, 546號 伊東伯爵家文書) ; 혜문, 『조선을 죽이다』, 동국대학교출판부, 2009, 238쪽. 최문형은 "일본 자객이 시신을 능욕하는 시늉까지 해가며 만행을 서슴지 않았다"는 내용에 대해서 "이는 부정할 수 없는 엄연한 사실이다"고 주장했다. 최문형은 야마베와 박종근의 선행연구가 그 사실을 입증했다고 판단했다.(최문형, 『명성황후 시해의 진실을 밝힌다』, 지식산업사, 2006, 239쪽)

10 "이번 사건에 소생들은 처음부터 조금도 관여하지 않았습니다. 오히려 어렴풋이 그 계획을 조선인으로부터 전해 듣고 있었던 정도입니다."(『朝鮮王妃事件關係資料』, 「韓國政府顧問たりし石塚より王妃事件の眞相を報告」,

末松法制局長宛石塚英藏書簡, 明治28年10月9日, pp.6~7(日本國會圖書館憲政資料室, 546號 伊東伯爵家文書)

11 鹿野政直, 『일본근대사상의 형성』, 경희대학교출판부, 1988, 84-85쪽; 피터 두으스, 『일본근대사』, 지식산업사, 1991, 75-82쪽; 루스 베네딕트, 『국화와 칼』, 을유문화사, 2002, 59, 81-95, 97-101쪽; 구태훈, 『일본 무사도』, 태학사, 2005, 21-22, 174-179쪽; 문소영, 『조선의 못난개항』, 역사의아침, 2013, 67~73쪽

12 АВПРИ. Ф.150.Оп.493.Д.6.Л.72об ; NARA. Despatches from U.S. Ministers to Korea 1895~1896, M.134 Roll.12 Enclose 3 No.157 p.6 ; 『駐韓日本公使館記錄(8)』, 「明治二十八年十月八日王城事變ノ顚末ニ付具報」, 1895년 11월 5일, 內田定槌→西園寺, 85~86쪽

13 『駐韓日本公使館記錄(8)』, 「明治二十八年十月八日王城事變ノ顚末ニ付具報」, 1895년 11월 5일, 內田定槌→西園寺, 86쪽 ; NARA. Despatches from U.S. Ministers to Korea 1895~1896, M.134 Roll.12 No.156 p.7; АВПРИ. Ф.150.Оп.493.Д.6.Л.67

14 8월사변보고서에 따르면 "縕屬單衾으로 裏하여 松板上에 奉하여 殿庭에 이출하였더니 卽其地에 刺客의 지휘로 근처에 在한 鹿苑樹林中으로 再移하여 石油를 其上에 灌하고 木柴를 其上에 加하고 火로써 燒하매 燒火한 後 다만 骸骨幾片만 餘存하였고"라고 기록되었다(高等裁判所, 『開國五百四年八月事變報告書』, 建陽元年四月十五日, 5쪽(藏書閣-고도서-史部-雜史類).

15 市川正明編, 『日韓外交史料(5): 韓國王妃殺害事件』, 東京:原書房, 1981: 「機密第五一號 王宮景福宮見取圖進達ノ件」『韓國王妃殺害事件』, 京城一等領事 內田定槌-外務次官 原敬, 明治二十八年十二月二十一日, 1987, 高麗書林, p.277

16 『뮈텔주교 일기』, 1895.10.9, 377쪽

17 АВПРИ. Ф.150.Оп.493.Д.6.Л.67

18 АВПРИ. Ф.150.Оп.493.Д.6.Л.72об ; NARA. Despatches from U.S. Ministers to Korea 1895-1896, M.134 Roll.12 Enclose 3 No.157 p.7.

19 鄭喬, 『大韓季年史』, 上, 1957, 114쪽. "그녀를 판 위에 올려놓고 그 담요로 그녀를 싸서 마당으로 꺼내고는 곧 가까운 공원으로 옮겨, 작은 나뭇가지들을 그 위에 얹고 등유를 뿌리고 불을 붙였다."(Унтербергер, Современное Состояние Корейскаго Вопроса,январь 1898,(РГИА Ф.560.Оп.28.Д.24.Л.116об)

20 『North China Herald』, 1895.10.25 : 이민원, 『명성황후시해와 아관파천』, 국학자료원, 2002, 94쪽. 그 날 새벽 녘 훈련대 참위 윤석우는 녹원 근처 시체가 타는 것을 목격했다. 오후 윤석우는 훈련대 대대장 우범선에게 보고했다. "군주가 계신 근처에서 시체를 불살렀으니, 남은 해골을 군주 근처에 두는 것이 불가하다." 우범선은 윤석우에게 지시했다. "그 땅을 정하게 쓸고, 남은 해골이 만일 있거든 연못 속에 던져라!" 하지만 윤석우는 타다 남은 해골을 거둔 후에, 정전(正殿)에서 떨어진 오운각(五雲閣) 서쪽 산 아래 몰래 묻었다.(市川正明編, 「開國五百四年八月事變報告書」 『韓國王妃殺害事件』, 449-450쪽; 鄭喬, 『大韓季年史』, 上, 1957, 115쪽)

21 小早川秀雄, 『閔后暗殺記』, 1965, 109쪽.

22 Унтербергер, Современное Состояние Корейскаго Вопроса,январь 1898(РГИА Ф.560 Оп.28 Д.24 Л.116об)

인명 색인

명성황후 최후의 날

1쇄 발행 2014년 5월 8일
3쇄 발행 2017년 11월 7일

지은이 김영수
펴낸곳 도서출판 말글빛냄
펴낸이 한정희
마케팅 최윤석 **디자인** 노현균
주소 서울시 마포구 마포동 324-3 경인빌딩 3층
전화 02-325-5051 **팩스** 02-325-5771 **홈페이지** www.wordsbook.co.kr
등록 2004년 3월 12일 제313-2004-000062호
ISBN 978-89-92114-93-6 03910
가격 13,000원